JN153046

社会的ライフスキルを育む
ソーシャルスクリプトによる発達支援

吉井勘人・長崎　勤・佐竹真次
宮﨑　眞・関戸英紀・中村　晋
亀田良一・大槻美智子
若井広太郎・森澤亮介

編　著

川島書店

刊行のことば――なぜソーシャルスクリプトなのか？

　2002年に「コミュニケーション発達支援とスクリプト研究会」が発足して今年で13年目となりました。この間に3冊のスクリプトの本，『個別教育計画のためのスクリプトによるコミュニケーション指導―障害児との豊かなかかわりづくりをめざして―』，『スクリプトによる社会的スキル発達支援―LD・ADHD・高機能自閉症児への支援の実際―』，そして本書が刊行されました（いずれも川島書店）。

　スクリプトは当初，どちらかといえば知的な遅れを伴う子どもの学校教育に軸足を置き，コミュニケーションスキルを支援する方向を向いていましたが（1冊目），その後，知的な遅れを伴わない発達障害の子どものソーシャルスキルの支援にも活用されるようになりました（2冊目）。そして，近年は学校教育の枠組みから出て，就労や余暇活動等の社会参加に向けたソーシャルライフスキルの支援にも活用されるようになりました（3冊目）。地域で生活するために必要なスクリプトを整理し，それを獲得することによって生活の豊かさや暮らしの再構築を実現しやすくしたいというのが3冊目の趣旨です。そのようなスクリプトは「ソーシャルスクリプト」と名付けられています。

　「ソーシャルスクリプト」はまた「特定の社会的場面や状況で予測される行動，活動，結果の一連のセット」であると定義されます（AlleyDog.com）。人は過去の体験から得た予測を利用してスクリプトを作り上げます。なぜスクリプトを作るかといえば，次の回からの物事の処理をできるだけ容易にするため，とされます。ソーシャルスクリプトは特に社会参加場面での振舞いを戸惑わずにより効果的に実行するために役立っていると考えられます。

　別の視点から見れば，スクリプトは技法だけでなく主として文脈を提案するものです。新潟大学の長澤正樹先生によれば，スクリプトの利点の1つは「活動の見通しが持てるようになること」であるとされます。なぜ見通しが持てるようになるかといえば，各対象者に合わせて「見通しの持てそうな内容・長さのスクリプトを作れるから」であると言われます（2015年9月19日の日本特殊教育学会第53回大会にて）。そのため，対象者本人からすると活動の本質が理解しやすくなり，支援者からすると実施しやすく現場の受け入れも良いという特徴があると，長澤先生は言われます。

　ソーシャルスキルやライフスキルの習得を支援する技法は各種提案されており，効果も報告されていますが，それらは互いに矛盾するものではなく，類似した支援活動のどの側面を強調するかによって各技法が特徴づけられると考えられます。ソーシャルスクリプトは対象者にスキルが生起しやすい文脈を作成・実行することを主とする方法であると言えますが，学級内の

授業の単元学習よりも手順が精緻化されて効果の実証性が担保されやすくなっており，一方，狭い意味での行動変容法よりも生活的に文脈化されて実践的な取り組みやすさをも備えていると思われます。

　このようなソーシャルスクリプトを具現化しようとして刊行された本書が，読者諸氏の教育・臨床の実践活動に少しでも役立ちますよう心より願います。

　本書の刊行にあたり，イラストレーターの斎藤丈寛氏，川島書店の杉秀明氏に並々ならぬご配慮をいただきました。記して感謝を申し上げます。

　2015年10月
　　　　　　　コミュニケーション発達支援とスクリプト研究会々長　佐竹　真次

目　　　次

刊行のことば──なぜソーシャルスクリプトなのか？ ……………………… i

Ⅰ．豊かな社会性を育むスクリプト

1. 豊かな社会性：実用性・功利性と相互性の織りなす生活の豊かさ　2
2. 文脈が意味をつくる　5
3. 生活を豊かにする支援とは　7

Ⅱ．スクリプトによる支援の技術

1．学校生活にいかせるスクリプト指導のポイント ……………………… 12

2．日常生活の文脈を活用した家庭における支援 ………………………… 20

3．スクリプトおよびスクリプトフェイディング手続き ………………… 31

4．より豊かな社会参加をめざすためのツール …………………………… 41

Ⅲ．スクリプト集と実践研究（事例）

A．スクリプト集 ……………………………………………………………… 52

〔暮らす〕………………………………………………………………………… 52
　①計画を立てて買い物をする－「みんなでフルーツミルクゼリー！」　52
　②友達と外食をする－「みんなで外に食べに行こう」　54
　③地域サービスの仕方を知るスクリプト－「地域サービスの利用の仕方を知ろう」　56

〔つながる〕 ··· 58
 ①誕生日を祝う会を企画する－「誕生日を祝う会」 58
 ②"分け合う"行動のスクリプト
   －「飲み物を分け合う（お茶の編）」 60
   －「お弁当を配り，飲み物を分け合う（お弁当とお茶の編）」 61
 ③相手を助けたり，励ましたりする－「かくし　しりとりをしよう」 64
 ④ボランティア活動をする（他者の安全に配慮した支援）
   －「トラスト・ウォーク」 66

〔はたらく〕 ··· 68
 ①やりたい仕事を探す－「現場実習にむけて」 68
 ②支援を求める：「お願いします」と友達に頼むことができる」
   －「紙のもようづくり」 70
 ③報告や状況を説明する－「おつかいぬりえ」 72

〔余暇を楽しむ〕 ··· 74
 ①余暇活動の計画を立て実行する（カラオケや映画など）
   －「カラオケを楽しもう」 74
 ②旅行（ハイキング）の計画を立て実行する－「〇〇公園に行こう」 76

B．実践研究（事例） ·· 78

1．震災被災者支援プロモーション：
  避難者支援における才能活用プロモーション・スクリプト ··············· 78

2．誤った認知を改善するためのスクリプト ·· 82

3．知的障害のある成人を対象としたスクリプトによる
  自発的な雑談スキル獲得訓練――スマートフォンの活用を通して―― ············· 87

4．高機能自閉症の生徒を対象としたスクリプトによる会話スキル獲得訓練
  ――高齢者施設利用者との日常会話を想定して―― ·· 96

5．選択性緘黙児に対するコミュニケーションカードを用いたあいさつ等の指導 ······· 105

6. パズルゲームスクリプトを用いた情動共有の発達支援 ················ 114

7.「マイ・ノート」スクリプトを活用した教員や家族とのやりとりを通して
　　──家庭と連携した支援の実践── ················ 120

8. ゲームスクリプトを用いた仲間関係を育む支援
　　──多様な評価機会の設定による目標への支援── ················ 128

IV. 支援の展開と深化に向けて

1. スクリプトはなぜ根付くのか──習慣形成の脳回路の仕組みから── ················ 138

2. 自閉症児に対するスクリプトを用いた支援とその般化 ················ 141

3. スクリプトを用いた学習支援と学校教育 ················ 144

4. ソーシャルナラティブとスクリプト ················ 147

　あとがき ················ 151

執筆者一覧

大槻美智子（千葉県香取市教育委員会）
冠木　真実（長岡市立総合支援学校）
亀田　良一（群馬県みなかみ町立桃野小学校）
川上　賢祐（横浜市立平沼小学校）
佐竹　真次（山形県立保健医療大学）
白井　理絵（東京都立城南特別支援学校）
関戸　英紀（横浜国立大学教育人間科学部）
長崎　勤（実践女子大学生活科学部）
中村　晋（筑波大学附属大塚特別支援学校）
藤野　博（東京学芸大学教育学部）
森澤　亮介（筑波大学附属大塚特別支援学校）
松田　信夫（山口大学教育学部）
宮﨑　眞（明治学院大学心理学部）
吉井　勘人（山梨大学大学院教育学研究科）
若井広太郎（筑波大学附属大塚特別支援学校）

I

豊かな社会性を育むスクリプト

> 私の一番好きな場所はキッチンだ。
>
> （よしもとばなな『キッチン』より）

1．豊かな社会性：実用性・功利性と相互性の織りなす生活の豊かさ

1）生活のもつ二側面：実用性・功利性と相互性

　生活あるいは生活をともにする他者には2つの側面があると考えられる。1つは，生きていくための手段としての生活，他者である。人間は生物であるので，食べなければ生きていけないし，眠らなければいけないし，お金も必要である。これは「実用的・功利的な生活」である。目標のために食べ，働くということである。一方，もう1つは，生きていくためということを離れて，目的としての生活の楽しみ，共にかかわることが目的の他者という側面である。生物としてというよりも，例えば趣味をしたり散歩したり旅行に行ったりというように，旅行すること自体を楽しむことである。旅行しなくても生きていくことはできるわけだけれども，そういった生活は実は私たちの中にはある。訪問する場所はどこでもよく，その観光地を訪れるのが目的というよりも旅行すること自体が楽しい，誰かと一緒に旅行することが楽しいということである。それは「相互的な生活」と呼んでおきたい。そのときの他者というものはむしろ，一緒に過ごすとか，一緒に歩くとか乗り物に乗るという，目的としての他者である。つまり他者というのは手段であったり目的であったりという2つの側面を持っており，一緒に過ごす生活も手段であったり目的であったりということである。

　こんなふうに一応わかりやすく分けておきたいが，実際の生活というのは実は実用性・功利性と相互性が交差する場としての生活である。わかりやすい例として，食事をするという生活の行為ということで考えてみると，実用性・功利性は栄養補給である。死なないための栄養補給。だが，それだけで食事をしているわけではない。一方，調理を一緒にする，食事の準備を協力する，食事しながら会話する，コミュニケーションという相互性が両面同時に進行している。つまり多くの生活は実用性・功利性と相互性の両者が織りなされている共同行為ルーティン・スクリプトであろう。

　不思議なことは，生活や他者は手段であり

ジナイーダ・セレブリャコフ「食卓にて」
1914年　モスクワ・国立トレチャコフ美術館
(Lunch Time, 1914, Zinaida Serebriakova)

ながら目的である。1人の同じ人が栄養をとるための手段でありながら，でも，ともに食事をするための目的であるという，そういう二面性，二重性を持っている。それが多くの私たちの生活であるし，人間は500万年かけてこういう文化をつくり上げてきたのだろうと思われる。

2) 生活の中での豊かな心の動き：欲求と共有

そして，さらにこの実用性・功利性と相互性が交差する場としての生活の中で，多くの心の動きがある。心理学というと心だけがポンとどこか空中にあって，その動きがどうなのかということを検証する科学のように思われがちだが，そんな心の動きというのはあり得ない。必ず何らの生活世界の中で心が動く。

フェルメール「牛乳を注ぐ女」
1658年頃　アムステルダム国立美術館

これを食事の場面の中で考えてみると，要求・欲求というものがある。おなかがすいた，あるいは，食べたいなという食欲である。これは主語は"I"で，「I want……., I need…….」という部分である。wantの代わりに「desire（欲望）」という動詞を使っても良いであろう。

しかし，一方で，先述したように，相互性，共有という心の動きがある。誰かのためにつくるとか，一緒に食べる楽しみとか，テーマを共有した会話。これは主語は"We"である。「We eat……., We discuss…….」とかである。

こういったことは1つの食事の中で同時に起きている。生活世界の中でこういった，欲求と共感・共有の心の動きが同時に起きているということが重要であろう。

そして，子どもはこの場でさまざまな認知やコミュニケーション，また言語の学習がなされ，この場が発達の場となる。また子どもだけでなくて，一緒に食べる大人にもそこでさまざまな心の動きがある。

最近家族が一緒に食事をするという頻度が減っているといわれているが，従来人間の文化がつくり出してきた食事場面，家族が4, 5人夕方集まって，「今日こんなだったよ，あんなだったよ，たいへんだったよね」とか，その日の出来事を互いにことばで語る（ナラティブの）場であったはずである。そういう「心が豊かに動く」文化を人間はつくってきたはずであるが，その場面が崩壊しつつあるとしたら，大きな問題であろう。

3) 実用性・功利性だけでも，あるいは，相互性だけでも危うい

先述してきたように，人類が築いてきた生活は，実用性・功利性と相互性が統合され，交差する場である。つまりそこでは他者は手段であったり目的であったりし，その2種類の他者性

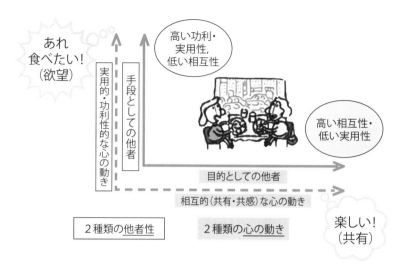

図1 実用性・功利性と相互性の統合の場としての生活

というものを経験する。そして，そこであれが食べたいなという欲求・欲望があり，一緒に食べて楽しいな，お話しできて楽しいなという共有というものがある。これらの統合の場としての生活は非常に複雑なプロセスであり，かつ彩り豊かな場である。

しかし，そこがいま大きく崩れつつあるといわれている。実用性・功利性だけでも，あるいは，相互性だけでも危ういということがいえる。

例えば，今の学生たちの目的は唯一，より偏差値の高い大学に入るということであり，それ以上考えている学生は本当に希である。これは大学の水準によらず，どこの学生も偏差値の先の目的ということを考える学生の比率はどんどん減っているように思われる。勉強することは自分の利益のためだけではなく，「人間の文化の継承のためだ」，「社会に貢献することだ」，といった相互性の観点で考えられる学生は希であるのが現状だ。

実用性・功利性としての生活の1つの落とし穴は，相互性が欠落してしまうことと，他者を手段化してしまうという可能性があることである。目的のために，常に目の前にいる他者（友人，教員など）を手段化してしまうということがある。そして，他者のため，社会のために協力することは無駄で，浪費ということになる傾向がある。

また，実用性・功利性の中での心の動きである欲求だけが肥大した場合，大きな危険性もある。ラカン［1966］は「欲望とは他者の欲望である」と述べ，欲望が際限なくなることのメカニズムを指摘している。挙句の果て，「欲しいものが欲しい」ということにまでなる。

さらに，おかしな目的を設定すると，逆に極端な欲望の抑制（欲しがりません，勝つまでは，贅沢は敵だ……）ということが起こる。そういうことをドゥルーズとガタリ［1980/1993］などが，詳細に考察している。

一方，相互性としての生活にも落とし穴がある。身近な他者を目的とすることは可能だが，しかし，大きな目的を見失ってしまう落とし穴がある。身近な友達とは非常に仲よくできるのであるが，長期的・中期的な自分の目的というのを見失ってしまうということも見受けられる。

実用性・功利性だけでも，相互性だけでも危い。これらがうまく統合されていくような，生活を構築する必要があるし，もし，それが崩れようとしているのであれば，生活の再構築が必要であろう。そのような豊かな生活の場が豊かな支援の場となる。

2. 文脈が意味をつくる

以上述べてきたように，生活は実用性・功利性と相互性が織りなされ，豊かな心の動きを生み出す場であるが，子どもの発達を考えるときに，それは豊かな学習の場でもある。

また，ブルデューという社会学者は「ハビトゥス」という概念で，生活の諸条件を共有する人々の間には特有な知覚と評価の傾向性がシステムとして形成されると述べている［ブルデュー，1980/2001］。

その中で人は発達をしていくわけであるが，生活共同体に参加していく過程の活動に埋め込まれた学習をしていくというのが子どもたちなのだということを，レイヴとウェンガーたちが述べている［レイヴ＆ウェンガー，1991/1993］。

生活を大事にして，子どもでいえば，その生活を豊かにしていくことが発達を豊かにしていくということであるし，いろいろな発達のいろいろな問題や課題を抱えている子どもたちの生活を豊かにしていくことが，その発達支援につながってくる。

学習や教育を生活の観点で見ていきたい。

1）語の意味の源泉としての生活様式（form of life）

生活様式（form of life）が意味の源泉だということを，ドイツの哲学者ウィトゲンシュタインが述べており，これが語用論的なアプローチによる言語・コミュニケーション研究の出発になった。ウィトゲンシュタイ［1953/1997］は『哲学探求』の43節で，次のような事例を示している。

《「赤いリンゴ5個（five red apples）」と書かれた紙片をもって果物屋に買い物に行く子ども。果物屋は「りんご」と書かれた箱の中から赤いのを5つ取り出して代金と引き替えに子どもの渡す。子どもも果物屋もひとこともことばを発しなくても進行し，女の子の買い物は完了する。女の子は「赤いリンゴ5個」という紙片を渡しただけなのに，「私に5つの赤いリングを売ってください」と言ったのと同じ効果を持ったのは，そのような生活様式（form of life）を私たちは生きているからである》［永井，1995］。すなわち，「買い物」という生活様式＝スクリプトを女の子と果物屋は共有しているために，女の子が店に来て，「赤いリンゴ5個」という名詞句だけが書かれた紙片を渡すのは，「私に5つの赤いリングを売ってください」という意

味なのだ，ということが果物屋は理解できるのである．つまり，文脈が意味をつくるのである．

2）言語ゲーム／劇（シュプラッハ・シュピール）

何かがわれわれの人間生活の中で特定の役割を果たすとき，われわれはそれを「言語ゲーム／劇（シュプラッハ・シュピール）」と呼ぶのである［ウィトゲンシュタイン，1953/1997］．シュピールは英語では play に近い語で，「ゲーム」という訳よりも，「劇」と訳した方が，ウィトゲンシュタインの伝えようとした意味に近いことを永井［1995］は述べている．

各々の文の意味はそれが「言語ゲーム／劇」の中で果たす役割によって規定され，同様に各々の「言語ゲーム／劇」も固有の意味を持つ．各「言語ゲーム／劇」が，われわれの「生活」という大きなドラマの中で果たす役割によって規定されている．すなわち，「言語ゲーム／劇」はわれわれの生活に繰り返し現れる活動のパターンであり，私たちが提案してきた「スクリプト」である．

3）「洗う」ということばを，子どもはお風呂場で学ぶ

例えば，「洗う」ということばを，子どもはお風呂場で，お風呂という劇を子どもと大人が楽しみながら学ぶ．単語帳によってではなく．

その例を見てみたい．

(10か月)
　父親：子どもの手をタオルで洗いながら「ゴシゴシね」

(11か月)
　父親：子どもの手をタオルで洗いながら「ゴシゴシね」
　子ども：タオルを持って<u>洗う模倣</u>

(12か月)
　子ども：タオルを持って洗う
　父親：「ゴシゴシね」
　子ども：「<u>ゴシゴシ</u>」

(14か月)
　子ども：タオルを持って洗いながら「<u>ゴシゴシ</u>」（自発）

(20か月)
　子ども：タオルを持って洗いながら「ゴシゴシ」
　大人：「きれいに洗ったね」
　子ども：「<u>あらった</u>」

10か月では，行為も発話も大人がしているが，11か月では，子どもは行為を模倣しようとしている．12か月では子どもの行為に大人が「ゴシゴシ」と代弁してあげるとそれを模倣し

ている。14か月には子どもは行為をしながら,「ゴシゴシ」という。20か月には子どもの「ゴシゴシ」という擬態語を大人が「洗う」という成人語に言い換えてあげると「あらう」という動詞を使って表現している。

このようにして,「洗う」ということばはお風呂場で覚える。

このように,文脈の中で,人と相互作用をしながら学ぶ,という発達のあり方は,ブルーナー[1983]が提案し,さらに,レイヴとウェンガー[1991/1993]によって「生活共同体に参加してゆく過程の活動に埋め込まれた学習―正統的周辺参加」として,学習・教育現場に大きな影響を与えてきている。

近年は教育現場で「アクティブ・ラーニング」として,その必要性,重要性が指摘されている。

3. 生活を豊かにする支援とは

以上のように,学ぶ場として,生活は豊かな場であるが,発達障害児にとって,その生活が貧しくなっているという現実がある。

1) 発達障害の中学生の「お出かけツアー」

中学1年生の発達障害児E児,F児への支援の例によって考えて見たい。知的には高いが,小学校高学年になると,自分の障害に気づくようになっていった。多くの発達障害児は小学校高学年くらいで,自己認知に直面し,「僕って何かちょっとほかの人と違うな」とか,「何かみんなから変なふうにいわれるな」といったことを感じはじめ,放っておくと不登校になって引きこもってしまう傾向がある。E児,F児も小学校高学年から不登校気味になり,中学校に進み,情緒障害通級指導教室で支援を受けていたが,クラスになかなかなじめずに,ほとんど不登校傾向で,家からも出ない生活をしていた。

そのために,土曜日に「お出かけツアー」というのをやってみたらどうかと計画した。大学生のお兄さんにボランティアとして加わってもらい,計画しようよということで,ツアーを組んでみた。このツアーのスクリプト(表1)は,ある駅で待ち合わせて,近くの自然公園まで歩いて行って干潟でバードウオッチングをして,そして,その後大きなショッピングモールまで歩いて行って,ちょっと買い物などし,お昼を食べようという,ささやかな3時間のコースのツアーであった。

事前にプランを相談し,メニューをネットで見て何を食べるのか考えてきた。

当日は,駅で待ち合わせしたが,E児,F児にとって,家族以外の人との外出は生まれて初めてで,緊張した面持ちであった。

干潟に大学生のボランティアと徒歩で出かけていって,バードウオッチングをした。その後,ショッピングモールにも徒歩で行って,ファストフードのハンバーガーではなくて,専門店でちょっと高目の800円ぐらいのハンバーガーを注文しようとした。事前にネットでい

表1　おでかけツアースクリプト

役割（登場人物）：中学生2人，大学生，ハンバーガー屋さんの店員など。
場面1：導入－（設定） 　1）プランを相談する。 　2）メニューを見て，食べるものを考える。 場面2：展開－（実行） 　1）駅で集合する。 　2）干潟に行く。 　3）バードウオッチングする。 　4）ショッピングモールに行く。 　5）ハンバーガーを注文する。 場面3：まとめ－（確認）

ろいろ調べて，値段とか種類を調べて，カウンターに行って注文したが，E児では，予定した金額860円が定価の850円と違っていて，その場でフリーズしてしまった。また，F児では，店員さんは親切心で「飲み物はいかがですか。コーラもありますし，ジュースもありますよ。いかがですか」と聞いてくれて，それでフリーズして全然動けなくなってしまった。自分の想定したものと少し違うと困惑してしまうのだった。

そんなエピソードがたくさんあり，楽しいと思ったかどうか，と少し心配していたが，家に帰ってから，「ツアーはとても楽しかった」と家族に話したそうであった。そして，翌週から登校し始めた。つまり嫌なこともあるけど，世の中には楽しいこともあるみたいだよ，といったことに気づいて，その辺から登校し始めて，今は何とか普通高校に進学している。

通常であれば，小学校中高学年くらいから，気の合う仲間と誘い合って，どこかに遊びに行くとか，買い物に行くとか，映画を見に行くとかするものであるが，発達障害児では，そういった機会が極端に制限されている。そのために，典型発達児が経験するような週末の生活や楽しみをしないで成長してしまう。

教育は，学校に来ていること中心に考えがちだが，子どもの生活にとって，学校というのは一部である。こういった生活をどう構築していくか，あるいは再構築してゆくかが大切であると考えられる。特に土日は，小学校高学年くらいになると，親を離れて子どもたち同士の関係の中で遊びに行ったり集団をつくったりする。発達障害の子どもたちはそれができないために地域のネットワークが途切れてしまう。そして，引きこもらざるを得ないような状態に置かれている。そこを何とかできたら発達障害児の生きるすがたはずいぶん大きく変わるだろうと思われる。

2）認知症，精神障害者の生活の再構築

また，高齢者の認知症が今後急増してゆくことが予想されるが，安易な投薬を超えた支援のあり方が模索されているようである。朝日新聞2015年5月5日朝刊生活面に，東京医科歯科大学の朝田隆氏の「生活障害」という概念が紹介された（排泄・着替え「流れ」乱さぬ手助け）。記事によると，ある町の小規模多機能型住宅介護の事業所での介護保険のサービスで，自宅への訪問と，施設への通いと泊まりを一体的に利用できる。家族から「排泄に失敗して汚すようになった。そろそろ施設に入れたい」といった相談が多く寄せられる。その際，「トイ

レの場所が分からないだけかもしれないので，夜はトイレの電気をつけておいてください」と家族に提案する。しばらくして家族を訪ねると「大丈夫でした。まだ施設ではなくても大丈夫です」という安心した応えが返ってきた。

このように，動作の流れが，「暗くてトイレの場所が分からない」など，ある一か所で引っかかってしまうと「排泄する」という動作全体ができなくなってしまう。

朝田氏は，認知症の人の抱える問題を「生活障害」ととらえることが重要だとしている。すなわち，生活をうまくゆくようにする，豊かにするようにすることを目標にし，どうしてそれがうまくいかないのかを分析して，その箇所だけ最小限の支援をする，ということであろうか。

精神病治療の中でも大きな変化が起こっているようで，認知行動療法の関連として生活改善療法というのが注目されているようである。これは，いわゆる昔は生活療法というものがあって，それはずいぶん批判の対象となった時期もあったようである。つまり管理性，いかに病院の中できちんと生活させるかというところに重きを置いていたようであるが，もっとコミュニティを含めた生活改善療法，そういうことがたいへん効果があるというふうに言われているようである。また，MP法というのもあって，できたこと・楽しめたことを毎日記録していくということでも大きな効果があるということである。鬱病治療の中でも日の出とともに起きる，日中体を動かす，太陽光浴びて汗を流す，共同体の中で暮らすとか，助け合う文化，感謝するとか助け合うとか，そういう部分を強調してゆくアプローチである。

3）新たな時代の新たな豊かな生活のカタチの創造

そして地域コミュニティの重要性がある。東日本大震災を通して私たち日本人は，新しい価値，新しい暮らしの模索ということに気づかされたと思われる。これらを創造していくという役割，それから，支援・被支援という，あるいは，クライアント・専門家という分け方ではない互恵的な関係性。両方が両方から学べる，相互がエンパワーメントされるような支援のあり方ということを考えさせられたのである。

それから，人と人のつながりの再構築が必要であろう。2012年の朝日新聞の朝刊で児童虐待が62%増加しているという記事があり，全くその同じ日の家庭欄では子育て塾に集うわけということで，ついに子育て塾が発足したという記事があった。週1回通って歌遊びを教えてくれるというような塾が始まったという記事，非常に希望者が多くて，ウエイティングリストが多くたいへんだということであった。その母親たちのアンケートでは，立ち話の相手もいないというのが24%。4人に1人が本当に孤立していることになる。

そして，内閣府が2012年1月に行ったアンケートでは，20歳以上の3,000人にアンケートしたところ，本気で自殺したいと思ったことがあるという人が23%だった。上記の立ち話の相手がいないという方が24%であったので，本当にそのぐらいの比率で孤立化が進んでいるのであろう。人と人のつながりの断絶化が進行している。

その背景としては，1990年以降の冷戦後の経済のグローバル化や産業のIT化の中で，旧来

の素朴な血縁・地縁・会社などによる人間関係の絆に依存する比率が著しく低下してきている。つまり人が人として生きていける生態系（生活様式）が大きく変化してきていることがあげられる。しかし，まだそれらにかわる新たなオルタナティブな関係性とか生活様式を私たちの文化はまだ残念ながら見出していないのではないか。人類が500万年かけて，創ってきた様式が急速に崩壊しつつあるけれども，新たな様式や関係性を再構築できていないということである。そこを何らかの新たな生活様式，新たな時代の新たな豊かな生活のカタチを私たちが創っていかなければいけないだろ。

そして，豊かな生活の中で，豊かな学びが出来るように私たちは支援を考えていきたい。

このような場を，社会的スクリプト（social script）とよぶことがあり，本書では，社会的スクリプトによる支援を提案するものである。

※本論考は長崎［2014］の一部に基づいている。

〔長崎　勤〕

〔文　献〕

ブルデュー，P.（1980）／今村仁司（訳）（2001）実践感覚 1．みすず書房．
ブルーナー，J.S.（1983）／寺田　晃・本郷一夫（訳）（1988）乳幼児の話しことば．新曜社．
ドゥルーズ，G. & ガタリ，F.（1980）／宇野邦一・田中敏彦・小沢秋広（訳）（1994）千のプラトー．河出書房新社．
ラカン，J.（1966）佐々木孝次・海老原英彦・葦原　譲（訳）（1981）エクリ．エクリ，（3）．弘文堂．
レイヴ，J. & ウェンガー，E.（1991）／佐伯　胖（訳）（1993）状況に埋め込まれた学習―正統的周辺参加．産業図書．
永井　均（1995）ウィトゲンシュタイン入門．ちくま書房．
長崎　勤（2014）彩豊かな生活を創る心理学　実践女子大学生活文化フォーラム，第18号，12-19．
ウィトゲンシュタイン，L.（1953）／藤本隆志（訳）（1997）哲学探究．大修館書店．

II

スクリプトによる支援の技術

1. 学校生活にいかせるスクリプトの指導ポイント

　学校の中には子どもたちが経験するさまざまな生活や学習の文脈が存在している。「スクリプトによる指導」と聞くとその手続きは難しく聞こえるかもしれないが，実際の生活文脈を通して子どもが学ぶ場を意図的に設定するという簡単な指導と考えたい。
　本章では，子どもの豊かな社会性の育ちを支援するために，学校生活の中でどのようにいかすことができるか，その指導のポイントについて解説する。

1. スクリプトによる社会性の支援とは

　子どもは，乳幼児期から幼児期，そして学齢期に至る生活の中で，さまざまな行為や活動を他者と共有することを経験する。そして，他者と共同行為という場を共有する中で，大人が使用する言葉や振る舞いに注意を向け，どのような状況でその場その場に適した言葉や振る舞いをするのかを学んでいる。スクリプトは，そうした一連の具体的な行為の系列の知識であり，文脈の知識と言い換えることができる。子どもは，大人によって築きあげられるさまざまな文化的な活動の中で，構造化された枠組みの知識（スクリプト）を共有しながら，人とのやりとりから言語・コミュニケーションの方法，さらには社会的なルール，マナーを学んでいる。スクリプトによる社会性の支援とは，その知識の獲得を手がかりにして，実際に他者と行為を共有しながら豊かな生活を目指すものである。
　例えば，ゲームに負けた悔しさを仲間にぶつける子どもは，勝ち負けの経験の中で，勝つことの心地よさと負けることの悔しさといった情動を共有できる仲間と実際に喜んだり，落ち込んだりする経験によって，応援すること，褒めること，励ますことを学ぶことができる。スクリプトによる支援は，子どもへの豊かな生活経験を保障するための手がかりなのである。

おまえのせいで負けた！

ドンマイ，次頑張ろう！

そうか，そう言えばいいのか。

2. スクリプト指導の進め方とポイント

1) 子どもに育てたい社会性の願いから出発してスクリプトを考えよう

スクリプト指導は，子ども一人ひとりが抱えた社会性の願いに基づいて場面を設定することが特長である。

ある指導場面に子どもをあてはめるのではなく，社会性のつまずきや困難さを抱えた子どもに対し，友達へのあたたかいかかわりや言葉かけができるようになってほしい，などといった具体的な願いから出発してその子のためのスクリプトを考えることから始めよう。

◇子どものつまずきと願いをアセスメント

スクリプト指導で重要なポイントのひとつは，子どもが抱えた社会性のつまずきや困難さを的確に評価する中で，どのようなスキルを獲得できれば人とのかかわりがうまくいくのか，また友達との関係を築いたり，維持したりすることができるのかを一緒に子どもと考えることである。

指導者側の一方的な場面設定に子どもを押し付けるのではなく，そのスクリプトを用いた学習場面において，子どもが自分の目標を意識しながら，指導者や仲間と共に何を学ぶのかを理解してもらうことが必要である。また，子どもが人とのかかわりで困っていることを，指導者だけでなく，仲間にも理解してもらう中でスクリプトの指導を行いたい。それは，つまずきを抱える子どもの仲間も援助者としての役割を担うことが望まれるからである。

アセスメントは，学校生活の中で子ども本人が感じている仲間とのトラブルや指導者が捉えている課題を丁寧に観察し，これを記録する中で望ましい行動や言葉の表出を考えながら目標設定を行う。ここで重要なことは，問題となる行動や表出を減少させることに目を向けるのではなく，これに換わる肯定的な行動や表出を増やすことを目指した目標設定を行うことである。

子どもと共に問題に向き合い，どのようにすれば仲間と楽しく過ごせるか，どのようにすれば仲間との関係を保つことができるのかについて一緒に考えるプロセスを大切にしたい。

◇3つの構造からなるスクリプト

スクリプトは「設定」「実行」「確認」という3つの成分で構成されている。日常生活のさまざまなスクリプトや学校生活で設定される活動のスクリプトも「はじめ」から「終わり」までの一連の行為の系列の中に主要な活動が盛り込まれている。

「設定」は，活動の準備をしたり，目標の確認をしたりするための導入である。「実行」は，子どもに身につけてほしいと願う目標が組み込まれた中心的な活動場面である。「確認」は，活動を振り返り，自分や友達の様子などを発表し合う大切なまとめの活動である。

スクリプト指導において，子どもは，「設定」で目標とする望ましいかかわりや言葉を確認し，「実行」の具体的活動を通してそれを経験する。さらに「確認」の中で，自己と他者の行為を振り返りながら，目標についての自己評価を行う。

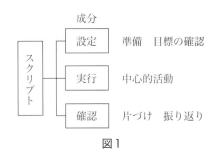

図1

◇スクリプト指導の手順

スクリプト指導では，大きく4つのステップで進められる。

ステップⅠでは，子どもの社会性のつまずきや困難さを生活の中からアセスメントし，目標設定を行う。ステップⅡでは，その目標に基づいて場面設定を検討し，具体的なスクリプトを作成する。ステップⅢでは，目標達成に向けて具体的な援助手続きを設定し，チェックリストを作成する。スクリプト指導の特長ともいえる重要な作業となる。ステップⅣでは，実際の指導を通して経過や効果を振り返り，生活にどのようにいかされているのかを評価する。指導の成果は，目標とする行動や表出が獲得されたかどうかよりも，子ども自身がそのスキルを活用することでポジティブに仲間との生活に向かい，達成感を得ながら自己を肯定的に捉える姿があるかどうかを評価する。

図2

2）学校生活の中で柔軟な場面設定によってスクリプトを考えよう

子どもの目標を設定した次には，いよいよスクリプトを考えよう。学校生活の中では，すでに教科や領域を中心とした学習活動が展開されている。そのため，子どもの目標から考えるスクリプトを設定するには，自立活動や特別活動といった領域の学習の中で柔軟に指導場面を組み込むことが必要となる。場合によっては，休み時間などの，教育課程の間の時間を柔軟に活用することも検討したい。ここで確認しておきたいことは，スクリプト指導は，偶発的な場面で指導するのではなく，あえて設定場面する中で指導することをおさえておきたい。

◇勝ちにこだわりトラブルを起こすスナオさん

小学3年生のスナオさんは，昼休みのドッチボールが大好きだが，ゲームが接戦になると興奮して感情が抑えられずにミスをした友達を責めてしまったり，点差が離れて負けそうな試合では，ふてくされてゲームから抜け出してしまったりすることがあり，たびたび友達とトラブルを起こしてしまう子どもである。スナオさんは，自分でもそのことに気づいているが，ゲー

ムに夢中になると約束したことや確認したことが守れず本人も困っていた。

ここでは，スナオさんの事例を通してスクリプト指導のポイントについて解説する。

まず，本人の願いを受けて，興奮した時に気持ちを抑えること，そして友達が頑張る姿を応援したり，賞賛したりすることやミスをした友達に対しては「ドンマイ，次頑張ろう」と励ましの言葉を表出できるようになることを目指したスクリプトを設定してみよう。

設定したのは，月に1回程度，ホームルームの時間に「仲間関係ゲーム」の指導計画を立案し，クラスの児童がグループに分かれてさまざまなゲーム活動を行う中で友達とのあたたかいかかわりを目指す指導場面を設定した。スナオさんは，その授業の中で，チーム対抗の的当てゲームを選択し，スクリプト指導に取り組んだ。

◇ねらって投げて！ 的当てゲームスクリプト

的当てゲームの教材は，マジックテープ素材で作られたビーンバッグと的を使い，誰でも簡単に得点を競えるものを準備した。児童は，2チームに分かれてゲームを行い，互いの合計点

表1　作成したスクリプト

スクリプト名：「ねらって投げて！ 的当てゲームスクリプト」
目標①：友達が高得点を取った場合，「ナイス！」「やったね！」と賞賛する。 目標②：友達がミスをした場合，「ドンマイ！」「次，頑張ろう！」と励ます。 目標③：ドキドキしてきたら胸に手を当てて10秒深呼吸をする。
場面1：準備・確認─〔設定〕 　1) 挨拶およびゲームの準備をする。 　2) 目標の確認をする。（「あたたかいかかわりカード」に示された目標を黒板に掲示する） 　3) ゲームを選択する。（スナオさんは的当てゲームの担当として司会の役割を任せる） 　4) グループに別れる。 場面2：ゲーム─〔実行〕 　1) ジャンケンで2チームに分かれる。 　2) スナオさんの司会進行でゲームを開始する。 　　※○回戦の合計を競う。 　3) 目標となる行動や言葉かけを行いながらゲームに参加する。 場面3：振り返り─〔確認〕 　1) 勝敗を受け入れる。 　2) "今日のMVP賞"の友達を賞賛する「おめでとう！」 　3) "あったかMVP賞"の友達を賞賛する「おめでとう！」 　4) 振り返りシートをまとめる。（自己評価と相互評価） 　5) グループ毎に発表する。（ゲームの報告とMVP） 　6) 挨拶およびゲームの片づけを行う。

で勝敗を競う場面設定を行った。以下スクリプトを表1に示す。

3）子どもの気づきを促す段階的な援助について工夫しよう

スクリプトの作成の次に重要な手続きは，目標を達成するために段階的な援助を工夫することである。

スクリプトによる指導では，設定されたスクリプトの妥当性に加え，子どもが目標となる行動や言葉の表出が活動の文脈の中でしっかりと活用できるために具体的な援助の手続きを考え，子ども自身もそのことを意識できるように配慮することが重要である。

◇段階的な援助のレベルを考えよう

援助の基本的な技法としては，①時間遅延（数秒待つ），②言語的な手がかりを示す（「こんなとき，どうするのかな？」など），③視覚的な手がかりを示す（目標となる行動や表出の手がかりとなる文字や絵のカードを提示するなど），④援助者もしくは友達を媒介にモデルを示す，といった手だてがある（表2参照）。

ここでのポイントは，日々の指導の中で「どのような段階で目標の行動や表出ができたか」といった達成度を予め設定した援助のレベルで評価することである。例えば，視覚的な手がかりで望ましい行動を行っていた子どもは，次に言語的な手がかりで行動できることが目標となり，援助のレベルを設定そのものが目標に対する評価の基準となる。

◇気づきを促す手がかりを工夫しよう

社会性の支援では，子どもが自分の言動に気づき，状況に応じて望ましい振る舞いや言葉づかいができるようになることを目指す。スクリプト指導では，その気づきを促すための手がかりを工夫することによって子ども自身が場面に応じた望ましいかかわりを自発的に行えるようになると考える。

例えば，スナオさんに設定したゲームスクリプトでは，指導の導入の中で，望ましい行動や言葉かけについて子どもたちが作成した「あたたかいかかわりカード」をモデルとして示した。また，目標①に対しては，興奮しそうな時に教師が「カームダウンカード」をスナオさんに提示することで10回の深呼吸を促す工夫した。このように子どもが穏やかな気持ちで活動参加できるための「情動調整」を促す手がかりを考えることも工夫の1つである。

◇チェックリストを作成しよう

これまでの手続きに基づいて表2「ねらって投げて！ 的当てゲームスクリプト・チェックリスト」を作成した。表2はあくまでチェックリストの例であり，これを基本に指導者が使いやすいよう工夫してほしい。大切な点は，「設定」「実行」「確認」に対応して，設定した援助レベルに基づく評価が記入できるようにすることである。

表2 ねらって投げて！ 的当てゲームスクリプト・チェックリスト

【指導記録用紙】　　　　名前　　　　　　　　　（　年　　組）　　指導日

〈子どもの表出の援助レベル〉　目標①：「ナイス！」「やったね！」
　　　　　　　　　　　　　　目標②：「ドンマイ！」「次，頑張ろう！」
　　　　　　　　　　　　　　目標③：「自発的に深呼吸する」

1. 自発的に表出する
2. 数秒待つことで表出する
3. 援助者や友達の声かけに促されて表出する（「スナオさん，何て言うのかな？」など）
4. 援助者や友達の言動を手がかり表出する（望ましい行動や言葉を見聞きして）
5. 視覚的な手がかりに促されて表出する（あたたかいかかわりカードを確認して）
6. 表出しない（怒ったり興奮したりしている）

成分	要素	子どもの活動や発話内容	子どもの行為	子どもの表出	子どもの具体的な様子
設定	導入	着席する	1 2 3 4 5 6		
		挨拶をする		1 2 3 4 5 6	
		目標を確認する		1 2 3 4 5 6	
	準備	グループ分けをする	1 2 3 4 5 6		
		ゲームの準備をする	1 2 3 4 5 6		
実行	実行	ジャンケンでチーム分けをする	1 2 3 4 5 6		
		司会進行をする(全体を通して評価)	1 2 3 4 5 6		
		1回目（Aさん）　目標（①・②）○をつける		1 2 3 4 5 6	
		1回目（Bさん）　目標（①・②）○をつける		1 2 3 4 5 6	
		1回目（自分）　目標（①・②）○をつける		1 2 3 4 5 6	
		2回目　※省略			
		3回目　※省略			
		目標③	1 2 3 4 5 6		
		目標③	1 2 3 4 5 6		
確認	振り返り	合図でゲームを終われる	1 2 3 4 5 6	1 2 3 4 5 6	
		得点MVPを発表する「おめでとう！」		1 2 3 4 5 6	
		頑張ったことよかったことを振り返りシートに記入する　発表する	1 2 3 4 5 6	1 2 3 4 5 6	
		挨拶をする		1 2 3 4 5 6	
		片づけをする			

※目標①②③以外の行動や表出についても同様に評価する。
○印：評価
□印：指導目標

4）互いを認め合い，子どもの自尊感情や自己効力感を高める指導を目指そう

社会性を支援するスクリプト指導で重要なことは，振り返りを丁寧に行うことである。ゲーム中にうまくいったこと，うまくいかなかったことも含め，子ども自身が自分の言動を振り返り，友達に褒めてもらったり，励ましてもらったりする経験を大切にした。こうした活動を通して互いに認め合いながら自己を肯定的に捉える感情を育てたい。そして，うまくできたという達成感によって目標へポジティブに向かう自己効力感を高める指導を目指す。

◇活動の振り返りの機会を大切にしよう

「確認」：振り返りの設定では，子どもが活動の中で友達とトラブルなく楽しめたという経験を自分自身で評価する機会（「自己評価」）に加え，教師が評価する機会や（「他者評価」），友達同士で評価する機会（「相互評価」）を積極的に設定することが大切である。

例えば，ゲームを振り返るときに，チームメイトの名前や得点を記入したり，自分が頑張ったことと，友達が頑張ったことを記入したりするように工夫された「振り返りシート」を活用してみる。ここでのポイントは，自分が頑張ったことのみを記入するのではなく，友達の頑張ったことをあえて記入することである。自己評価に加えた相互評価の機会を設定するは，活動中に友達の様子を観察するきっかけとなり，互いに経験したことについて言及できるようなることを目指す。

特に，本スクリプトのように段階的な援助手続きの中に，友達の行動や言葉かけを媒介とした援助が有効に働くためには，友達の行為に注目し，参照しながら活動に参加することが求められる。

スクリプト指導は，一連の行為の系列を繰り返しの学習として構成することが特長であり，そこには，さまざまな工夫による手だてを盛り込むことで，子どもたちの豊かな社会性の育ちを支えることが可能になる。

◇褒められる経験，そして認められる経験

活動を振り返りは，活動を共にした友達全員で共有することに意義がある。うまくできたことを自分だけで評価するだけではなく，教師や友達の前で発表することで，皆の前で賞賛される経験（ポジティブな評価を受ける経験）が重要である。

例えば，高得点を取った子どもには，"今日のMVP賞"として発表し，ゴールドメダルを授与する。同様に友達へのあたたかいかかわりを積極的に行った子どもに対しても"あったかMVP賞"として発表し，スペシャルなメダルを与えるという工夫も面白い。

「スナオさんは,今日,自分からドキドキした時に深呼吸をしたね。素敵だったよ！ それから，友達がミスをしてチームが負けて悔しい気持ちでいたけど，次頑張ろうって言えたよね。今日の"あったかMVP賞"です！」と皆の前で賞賛を受けることができれば，スナオさんは友達

と気持ちよくかかわる楽しさを学び，次も興奮しないように落ち着いてゲームに参加しようという気持ちになれるかもしれない。

　こうした多様な評価機会をスクリプトに設定することは，子ども自身が"友達と上手くかかわれた"という自信や達成感を促し，"ああ，また失敗した"と自己を否定的に捉えるのではなく"自分にもできる"と，肯定的に捉えるきっかけを与えると考えたい。

◇**自信をもってこれからの生活にいかすために**

　スクリプト指導で学んだことは，他の場面でも使えることを子どもに伝えることが大切である。友達とのかかわりでトラブルが起き，つまずいたり困ったりした時には，経験したことを思い出し，自信をもって生活にいかすことができるように支えたい。

　学んだことが発揮できたかできないかという評価はせず，他の場面でも同様の支援をすることで少しずつ学校生活の場から家庭生活，さらには地域生活に広がることを目指す。

〔中村　晋〕

〔文　献〕

長崎　勤・宮﨑　眞・佐竹真次・関戸英紀・中村　晋（編著）(2006) スクリプトによる社会的スキル発達支援 ―LD・ADHD・高機能自閉症児への支援の実際―．川島書店．

筑波大学附属大塚特別支援学校（編）(2015) 特別支援教育におけるとっておき授業レシピ．学研教育出版．

2. 日常生活の文脈を活用した家庭における支援

1. はじめに：家庭における支援とは

　人の学びは，生涯という広い視野でみると，その時間的割合の大部分が，学校といったフォーマルな場ではなく，家庭や地域社会といったインフォーマルな環境で行われているとされる [Griffin, McGaw & Care, 2012]。特に，幼児期から学齢期にかけては，子どもにとって家族と共に過ごす時間は長く，子どもは家庭の中で，親子や兄弟とのやりとり，また，多くの共同行為の積み重ねを通して，基本的生活習慣，自己表現，会話，ルール，モラルといった社会性を学習していく。子どもの豊かな社会性を培うためには，幼稚園や学校での学びだけではなく，それらと家庭や地域社会といった「学校外」での学び・経験とをつなぐネットワークが構築される必要がある。したがって，支援者には，子どもへの直接的な支援のみではなく，その家族や周囲の環境についての理解を深め，子どもと家族や地域社会の人々との関係性を築いたり，学校と家庭との学びの連続性をデザインしたりするといったようなアプローチが求められている。

　近年，社会の変化に伴い，家族関係の在り方が複雑化してきている。その背景としては，親が身近な人から子育てを学んだり，助け合ったりする機会の減少，地域とのつながりの希薄化や親の孤立化，貧困などが指摘されている。また，障害のある子どもの家族では，障害受容の困難さ，子育ての見通しの持ちにくさ，家族間での意見の食い違い（子育てや就学など）など複雑な問題を抱えている場合もある。

　支援者は，まず，さまざまな困難を抱える親の話に耳を傾け，できるかぎり，親の心理・情緒面を理解するように努めながら，家族の置かれている状況，家族の持つ価値観，親子の関係性について把握する必要がある。これらの前提の上に，支援者と家族とで連携して子どもを見つめ，幅広い文脈で，包括的な支援・教育を展開することが重要である。

2. 家庭でスクリプト支援を行う意義

　スクリプトによる支援では，子どもにとって身近で，かつ有意味な文脈の中で，子どもと大人との相互作用の流れを予測できるように系列化し，反復することによって，障害をもつ子どもがコミュニケーションや社会的スキルを獲得しやすい状況をつくる。これまでのスクリプトを用いた支援研究から，語彙の増加，構文の獲得，質問に対する応答スキル，仲間との相互作用の促進，意図，欲求，信念理解の向上といったような効果が報告されている。

スクリプトには，「ストーリー化した行為の内的知識」の他に，「脚本」や「台本」といった意味がある。「脚本」であるスクリプトには，ある特定の文脈における大人と子どものそれぞれの台詞と動きが記されている。スクリプトを用いた支援のメリットは，高度な支援技術を有する教師や心理士のような専門家でなく，親や兄弟といった子どもにとって身近な存在が，脚本（スクリプト）を用いることで，子どもの動きや発話を予測しやすくなり，子どもへの適切な支援や関与が行えるようになる点にある。加えて，脚本（スクリプト）を媒介とすることによって，教員間の連携，療育・教育機関と家庭との連携，学校と地域との連携［佐竹・長崎・関戸，2003］が促進されるであろう。

家族でスクリプトにおける支援を行う際には，「スクリプト」を，支援者と親とで一緒に計画し，それを用いて親が主体的に支援を行う。スクリプトの評価と改善は，親と支援者で共に行うというサイクルを構築することが必要である。

3. 家庭でスクリプト支援を行う際のポイント

ここでは，支援者と家族とで共同して，子どもにスクリプト支援を行う際の手順について，ポイントとその具体例を説明する。ステップⅠ：アセスメント，ステップⅡ：スクリプトの構成，ステップⅢ：スクリプトによる指導，ステップⅣ：指導の評価と改善，の手順で述べていく。

1）ステップⅠ：アセスメント

ステップⅠでは，子どもの課題について，行動観察と面談を通して明確にする。そして支援目標と支援方法についての支援計画をたてる。

ステップⅠ-① 行動観察

家庭における環境調査：家の中の物の配置，子どもの動線，子どもの利用頻度の高い物，家の中での子どもの居場所などを把握する。また，可能であれば，学校から自宅までの移動の仕方や移動手段，利用している地域の施設（商店やプールなどの公共施設）も観察し，支援目標や具体的なスクリプトを作成する際の参考とする。

家庭における過ごし方については，着替え，おやつ，遊び，玩具の片づけ，宿題などの各場面に区切って，子どもがどの程度自発的に活動に参加しているのか，どの活動の遂行に困難を示しているのかを記録する（例えば，親が繰り返し指示しないと玩具の片づけをしないなど）。また，どのような支援があれば活動を遂行することができるのかを評価する（例えば，外出する際に，目的地の写真カードを示すとスムーズに外出の準備をするなど）。

ステップⅠ-②　親との面談

　親との面談では，十分に親の話を聞くようにする。親に支援者の望むことを押しつけるのではなく，親の養育上の悩みをしっかり聞きながら，親が主体的に課題を整理して捉えられるように心がける。なお，スクリプト支援を行うにあたっては以下の要点をおさえておく必要がある。

- 子どもの実態（子どもの好み，良さ，苦手なこと，社会性や言語・コミュニケーションの状態，生活経験の幅）
- 子どもへの願い（現在，また，将来，子どもに身につけさせたいと考える力）
- 子どもの課題（現在，子どもの何を課題として捉えているのか，どのようなことに困っているのか，また，将来を見据えた際に気になることがあるのかなど）
- 習慣的に行っている活動（おやつ，外遊び，宿題など家庭で繰り返し行っている活動）

その他には，以下の内容も可能なら把握しておく。

- 障害についての親の受容の程度（例えば，ショック，否認，悲しみと怒り，適応，再起，の5段階）
- 家族関係（親，祖父母，兄弟と本人との関係性や父親と母親の考え方の共通点と差異など）
- 父親と母親の仕事状況（フルタイム，パートタイム，家庭にいるなど）
- 子育ての価値観

なお，支援者が親と話し合いをする際には，以下のポイントに留意する。

- 必要に応じて親の話を整理しながら，何を優先目標とすると良いのかを整理して親と確認しつつ共有していく。複数の課題や目標が挙がった場合には，発達的妥当性，社会的妥当性，支援可能性といった観点から優先順位をつける。話があちこちに広がってしまう場合は，付箋を用いるなどして，課題をグループ分けして整理し，それらの中で優先順位の高い課題を絞り込んでいく。

ステップⅠ-③　支援計画の作成と目標設定

　ここでは，家庭における行動観察と親との面接を通して，支援目標を設定し，支援者と親とで共有する。支援目標は，子どもにとって「適度に難しい課題」であり，支援を通して達成される見通しのたつものにする。親のニーズ・思いを反映したものであるかどうかを十分に吟味する必要がある。支援者が一方的に先導して親にとって必要性を感じられない支援目標を決めていないか，また，支援目標を達成するための活動内容が親にとってやりやすいものであるかどうか，多忙な親にとって負担感が大きすぎないか，今，家庭で習慣的に行っている活動を少し変更すれば設定できるか，といったことを判断し，支援目標を設定していく必要がある。親が子どもへ支援することに対して，その意義だけでなく，適度な「やりがいや楽しみ」が感じられるように配慮する必要がある。

◇アセスメントの具体例

　医療機関において自閉症の診断を受けた知的障害を伴うタロウさん（仮名）。タロウさんは，特別支援学校（知的障害）の小学部1年生に在籍していた。生活年齢7歳の時点における総合発達年齢は，2歳6か月であった（KIDS乳幼児発達スケールタイプTを用いた評価）。

　(1) 行動観察

　父親はフルタイムで働いており，学校から帰宅後は，基本的に家庭にいる母親と2人で過ごしていた。放課後の家庭におけるAさんの様子を1時間程度観察した。手洗い，着替え，玩具遊び，おやつといった流れであった。

　帰宅した直後の「手を洗いなさい」や「着替えして」といった母親の指示にはよく応じることができていた。着替えが終わると，部屋の中を走ったり，レゴブロックを組み立てたり，玩具箱から複数のミニカー出して，並べたり，別のケースに移すなどして遊ぶ様子がみられた。また，棚の上にあるテレビのリモコンを指さして「テレビ（を見たい）」と一語発話で要求し，しばらくお気に入りのアニメを繰り返し見た。おやつでは，母親がヨーグルトとお茶を冷蔵庫から出すと，おやつが食べられることを予測して，すぐにリビングのテーブルの席についた。ヨーグルトを食べ終えた後は，母親がカップをゴミ箱に捨てたり，スプーンやコップを洗い場に運んだりするようにことばで指示したが，それには応じずに玩具で遊び始めた。タロウさんがおやつの準備・片づけを行うことはみられなかった。

　(2) 親との面談

　家の中でのタロウさんと母親とのかかわりは，おやつの活動以外はほとんどみられなかった。そのおやつも母親に差し出された物を食べるのみであり，タロウさんが準備や片づけの手伝いをする様子や共同で何かを作ったりする様子はみられなかった。母親からは，「人とかかわりがもてるようになってほしい」，「お手伝いをするようになってほしい」という願いが出された。一方，「家の中で（タロウさんに）何をすればいいか分からず困っている」「なかなか言うことを聞いてくれない」といった訴えもあった。その他に，「できるだけ自分のことは自分でできるようになってほしい」という思いは，父親と母親で共通してもっていることが確認された。

　タロウさんの家庭における好みの活動は，DVDを見ること，おやつを食べることであり，これらの活動は，落ち着いて行うとの報告があった。

　(3) 支援目標の設定

　行動観察に基づく分析と面談における母親の主要なニーズに合わせて，支援者から家庭における支援目標の提案を行った。「タロウさんが，家の中で母親と心地よくかかわり，かつ，身のまわりのことを自力で行えるようになること」が適しているのではないかと提案した。母親もその目標がタロウさんには合っていると判断した。

　そこで，具体的にどのような活動内容であれば子どもが主体的に母親とかかわることができるのかを，タロウさんの「興味・関心の高い活動」，「行う頻度の高い活動」，「母親のやりやすい活動」といった観点から整理したところ，おやつなら，タロウさんの関心が強く，ほぼ毎日行ってい

るので適している活動であると考えられた。加えて、基本的な食事の準備・片づけは、時間的な制約もあり母親が1人で行いたいと考えているが、おやつであれば、多少時間がかかったり散らかったりしても、子どもと一緒にゆっくりと行いたいという母親の意見が出された。

以上より、「タロウさんが簡単な調理を母親と共同して行うこと」、そして、「おやつの準備と片づけを自発的に行うこと」を具体的な支援目標とした。

2）ステップⅡ：スクリプトの構成

ステップⅡ-①　スクリプト作成

スクリプトは、順序の明確な行為系列によって構成される。多くの場合、道具の準備や今後の見通しをもつなどの活動の導入にあたる「設定」、活動の中心的な展開にあたる「実行」、道具の片づけなどを含む活動のまとめにあたる「確認」、の3つの成分によって構成される。

◇スクリプト作成の具体例

母親と支援者とで、「子どもの好み」、「親子で一緒に作れるもの」、「母親が行いやすい活動」を手掛かりにして、スクリプトを考えたところ、カップケーキづくりが適していると判断した。一般的なカップケーキ作りの流れを確認した後に、「設定」、「実行」、「確認」の3つの成分の順に、細かな行動の系列を決めていった。支援者は「道具の準備のところでは、タロウさんには何をしてもらうとよいでしょうか」といった質問をして、母親にアイデアを出してもらい、それを支援者が具体的に記述する形で、13の行動系列を設定した。表1には、「カップケーキを一緒に作って食べよう」のスクリプトを示した。主に、「設定」では、手洗いや道具の準備をする、「実行」では、カップケーキを作って食べる、「確認」では、挨拶をして片づけをするといった内容で構成されている。

留意点としては、次のようなことが挙げられる。13の行動系列に沿って子どもがカップケーキ作りをする際に、部屋の中での子どもの動きがシンプルになるように動線（人が移動する際の道筋、経路）の配慮がされているか、また、子どもが見分けやすいように物が配置されているかを親に確認しておく。特に、支援目標に該当する箇所では、「物的環境」や「大人の言葉かけや動き方」を綿密に設定しておく必要がある。表1の場面1-③は、おやつの準備を自発的に行う（生活自立スキル）といった支援目標に該当する行動である。子どもがマグカップなどを自発的に食器棚から取り出し、机に運ぶことができるように、子どもの認知発達や理解力に応じて、環境設定の工夫をする。例えば、食器棚の引き戸の位置にマグカップの文字やイラストのカード、目印となるマークをつけておき、その位置に気づきやすいようにする。あるいは、食器棚の中に子どもの食器類の入ったコーナーを設けておき、その位置からのみ取り出せばよいといった動きの流れを単純化することも考えられる。また、親の動き方に関しては、子どもの気持ちがわかってしまうために先回りしてマグカップを手渡すなどの援助をしてしまわないように、「待つこと」を中心とした段階的援助について十分に確認する必要がある（段階

表1　家庭の中で行うスクリプト

♣スクリプト名:「カップケーキを一緒につくって食べよう」
課題:おやつの準備と片づけを自発的に行う。（生活自立スキル） 　　　相手（親）に合わせて一緒に調理の行為をする。（協調性） 役割:母親,本児。 道具:マグカップ,カップケーキの粉,卵,電子レンジ,泡だて器,お玉,スプーン。
場面1:〔設定〕 　①親の「カップケーキを一緒につくろう」の声かけによって,親のそばに来る。 　②子どもは水道で手を洗う。 ＊③子どもはマグカップを食器棚からテーブルに運ぶ。（この他の道具は親が用意） 場面2:〔実行〕 　④子どもはボウルにカップケーキの粉と卵を入れる。 ＊⑤親がボウルを押さえて,子どもは泡だて器でかき混ぜる。（または,それぞれ反対の役割をする） ＊⑥子どもは親に空のマグカップを差し出し,「入れて」と伝える。 　⑦電子レンジにマグカップを入れて温める。 　⑧カップケーキを電子レンジから取り出し,テーブルに置く。 　⑨「○○（トッピング）をつけて」と親に伝える。 　⑩「いただきます」の挨拶をする。 　⑪カップケーキを食べる。 場面3:〔確認〕 　⑫「ごちそうさま」の挨拶をする。 　⑬流しにいる親のところに食器を運んで片づける。 　　　　　　　　　　　　　　　　　　　　　　　　　　　　　　（＊は支援目標）
スクリプト設定の理由: 　おやつは,家庭において子どもが身近に経験する活動である。親に出されたおやつを食べるのみの受身的な活動ではなく,親と一緒に簡単な調理をするなどの共同的な活動として位置づけることが望ましいと考えられる。好みのおやつは,子どもにとって活動へのモチベーションを高め,見通しをもちやすくさせる効果がある。また,家庭の中で親子で一緒に活動することは,家族の一員としての意識を高めることや将来の生活自立スキルの基礎になると考えられる。

的援助の詳細は次のステップⅡ-②で述べる）。

ステップⅡ-②　援助レベルの設定

　援助レベルとは,支援目標を達成するために,支援者の行う援助（手がかり）を段階的に整理したものである。支援目標について,子どもの自発的遂行がみられない場合,支援者は,子どもが目標行動を遂行できるように,与える「手がかり」を段階的に増やしていく。

◇援助レベルの設定の具体例

　表2にスクリプトの援助レベルを示した。援助レベルは,「行為」と「表出」の2つの側面

で設定した。

まず、〈行為の援助レベル〉について説明する。支援目標③"マグカップをテーブルに運ぶ"を例にすると、最も高いレベル1（自発）では、タロウさんが母親からの働きかけなしに、食器棚からマグカップを取り出しテーブルに運ぶことを自発で遂行できる。レベル2（遅延）は、母親が数秒間（およそ5秒）待つことによって遂行できる。レベル3（注意喚起）は、母親が「タロウさん」と呼びかけたり、マグカップの位置を指さしたりすることで遂行できる。レベル4（言語指示）は、母親が「マグカップを持ってきてください」の言語指示をすることで遂行できる。レベル5（視覚的手がかり）は、母親がマグカップの写真を見せて言語指示することで遂行できる。レベル6（身体的援助）は、母親がタロウさんの手をとってマグカップを取る動きをガイドする、レベル7は、レベル1〜6の援助があっても遂行できないとなる。

次に、〈表出の援助レベル〉について説明する。支援目標⑥"マグカップを親に差し出し、「入れて」と伝える"を例にすると、最も高いレベル1（自発）では、タロウさんが母親に向けてマグカップを差し出し「入れて」と自発で伝える。レベル2（遅延）は、母親がタロウさんを見て数秒間（およそ5秒）待つことによって「入れて」と表出できる。レベル3（間接的な声かけ）は、母親が「なあに？」と言うことで、表出できる。レベル4（視覚的な手がかり）は、母親がマグカップにお玉を使って入れるイラストを提示することで表出できる。レベル5（言語モデル）は、母親が「入れて」の言語モデルを示すと模倣して表出できる。レベル6（表出しない）は、レベル1〜5の援助があっても表出できないとなる。

以上のような段階的援助は、説明だけでは理解しにくいところがあるので、支援者と母親とで段階的援助のシミュレーションを行ったり、また、支援者が子どもに段階的援助を行っている場面を母親に見てもらったりすることで、援助を行うタイミングや援助の際の詳細な動き方について理解してもらうことが望ましい。

> ステップⅡ-③ チェックリストの作成

スクリプトを構成する行動ごとに、子どもの「行為」と「表出」の援助レベルを設定する。それ以外に援助レベルだけでは評価できない、子どもの具体的な様子を記す欄を設ける。

◇チェックリストの作成の具体例

表2にスクリプト・チェックリストを示した。「設定」、「実行」、「確認」の3つの成分、それらを構成する13の行動系列が示されている。13の行動系列のそれぞれの要素がどの援助レベルで行えるか評価できるように「行為」と「表出」に分けて、援助レベルを設定した。③と⑬の「道具の準備・片づけを行う」、そして、⑤と⑥の「相手に合わせて一緒に調理の行為をする」は、支援目標に当たるので、道具の配置などの「環境設定」、「援助レベル」、並びに、「記録の取り方」について、支援者と親とで十分に内容の確認をした。

表2 「カップケーキを一緒につくって食べよう」スクリプト・チェックリスト

〈子どもの行為の援助レベル〉
1. 自発的に遂行する
2. 数秒待てば遂行する
3. 注意喚起によって遂行する（○○さん／対象を指さしをする）
4. 言語指示によって遂行する（「○○をします」／「○○をしてください」）
5. 視覚的手がかりによって遂行する（写真，絵，文字カードの提示／サインやモデルの提示）
6. 身体的な援助に促されて遂行する
7. 遂行しない

〈子どもの表出の援助レベル〉
1. 自発的にことばを表出する
2. 数秒待てば表出する
3. 間接的な声かけによって表出する（「なんて言うの？」）
4. 視覚的な手掛かりによって表出する（写真，絵，文字，シンボル，サインの提示）
5. 言語モデルを模倣する（「○○って言ってごらん」）
6. 表出しない

成分	子どもの活動や発話内容	行為	表出	具体的な様子
〔設定〕	①親の声かけに応じてそばに来る。	1 2 3 4 5 6		
	②水道で手を洗う。	1 2 3 4 5 6		
	＊③マグカップ，皿，スプーンをテーブルに運ぶ。	1 2 3 4 5 6		
〔実行〕	④ボウルにカップケーキの粉と卵を入れる。	1 2 3 4 5 6		
	＊⑤親がボウルを押さえて，子どもは泡だて器でかき混ぜる。（または，それぞれ反対の役割をする）	1 2 3 4 5 6		
	＊⑥子どもは親に空のマグカップを差し出し，「入れて」と伝える。		1 2 3 4 5 6	
	⑦電子レンジに入れる。	1 2 3 4 5 6		
	⑧電子レンジから取り出し，テーブルに置く。	1 2 3 4 5 6		
	⑨「○○（トッピング）をつけて」と親に伝える。		1 2 3 4 5 6	
	⑩「いただきます」の挨拶をする。		1 2 3 4 5 6	
	⑪カップケーキを食べる。	1 2 3 4 5 6		
〔確認〕	⑫「ごちそうさま」の挨拶をする。		1 2 3 4 5 6	
	＊⑬食器を運んで片づける。	1 2 3 4 5 6		

（＊は支援目標）

3) ステップⅢ：スクリプトによる指導

ステップⅢ-① レベルの評価から目標レベルの設定へ

　チェックリストを用いて，各要素のレベルを評価する。評価の仕方は，スクリプトの要素ごとに，子どもに与える「手がかり」を順に増やしていく段階的援助を行い，子どもがどの援助レベルで遂行できたかを記録する。子どもが遂行できる段階を現在のレベル（N）として，支援目標は，そのレベルの1つ上（N-1）とする。なお，評価の1，2回目は子どもがうまくスクリプトに参加できない，または，親がスクリプト（脚本）通りに活動を進めることが難しいといった問題が生じる場合がある。そのような場合には，無理してレベルの評価を行うのではなく，数回は試しとしてスクリプトを実施し，スムーズに活動が流れるようにスクリプトを修正した後にレベルの評価を実施するようにする。

◇レベルの評価から目標レベルの設定への具体例

　支援目標におけるレベルの評価を中心に述べる。レベルの評価を実施したところ，タロウさんは，要素③と⑬の「道具の準備・片づけを自発的に行う」では，「レベル5」の視覚的手がかりで遂行することができた。したがって，支援目標はその1つ上（N-1）の「レベル4」言語指示によって遂行することとした。「相手に合わせて一緒に調理の行為をする」の内の要素⑤「親がボウルを押さえて，子どもは泡だて器でかき混ぜる」では，「レベル3」の注意喚起によって遂行できたので，「レベル2」の数秒待つことを支援目標とした。要素⑥の「親に空のマグカップを差し出し，「入れて」と伝える」では，「レベル4」の視覚的手がかり（文字カード）で表出できたので，「レベル3」の間接的な声かけによって表出することを支援目標とした。

ステップⅢ-② 指導の実施とチェックリストの記入

　スクリプト指導では，各要素において，子どもの自発的な「行為の遂行」や「ことばの表出」（レベル1）がみられない場合には，「レベルの評価」で行った支援目標（N-1）にあたるレベルの援助を行う。それによってできない場合には1つレベルを下げた（与える手がかりを増やした）援助を行う。そして，それでもできない場合には，さらにレベルを1つ下げた援助を行う。このような順に援助を行っていくのは，子どもに過不足のない適切な援助を行うためである。

　記録は，要素ごとに援助レベルに沿って子どもの達成状況を評価する。また，具体的な様子の欄を設けて，援助レベルでは記録できない，子どもの視線の向け方，表情（快や不快），態度，アドリブ行動などの質的側面の記述をする。質的側面を記述することは，表層的な行動の成立の有無だけでなく，子どもがスクリプトを理解して行為や発話をしているのかを知るための重要な情報となる。

　親が初めは記録のつけ方に慣れていないために援助レベルでの評価がしにくかったり，子どもが予想と異なる反応をして段階的援助が行えないために記録できなかったりする場合があ

る。そのような場合には，無理に援助レベルで評価せずに，具体的な様子の欄に，そのときの子どもの様子を記述してもらい，支援者と話し合いながら，援助レベルのどこに当たるのかを確認したり，援助のステップが適切であったかを見直したりするとよい。

4）ステップⅣ：指導の評価と改善

ステップⅣ-①　指導経過の評価

　母親が自分自身の子どもへのかかわり方をリフレクションする（振り返る）機会は非常に重要である。チェックリストを活用して逐一記録をとることは，その場限りの印象のみによる評価と異なり，子どもの現在の到達度を把握し，子どもの変化を客観的に理解する上で役立つ。また，チェックリストによる記録は，評価と支援を一体化させ，評価の結果に基づき，支援目標や援助レベルを調整することが可能になる。支援者は，親が適切に評価を行えているのかをモニターすることに加えて，チェックリストを介して子どもへのかかわりをリフレクションする親の行為を肯定的に意味づけたり，励ましたりしていくことが重要である。支援者の共感的なフィードバックによって，親は，子どもににかかわることに自信をもつことができたり，子どもの見方について前向きな捉え直しができたりすることがある。

ステップⅣ-②　般化の測定

　スクリプトによる指導では，獲得した能力の汎用性を高めていく。つまり，指導を通して子どもが獲得した能力が，必要な時と場で「使える」ようになることを目指す。そのためには，母親の代わりに父親といったように，人をかえてスクリプトを実施する，または，カップケーキづくりをアイスクリームづくりにかえるように，スクリプトの内容を部分的に変更して実施することが考えられる。獲得した能力の汎用性を高めるために，子どもの生活する複数の文脈（学校や施設など）を活用して，子どもが「主体的に行為する機会」を設けていくことが必要である。

◇指導の経過の評価と般化促進の具体例

　タロウさんは，母親とのカップケーキづくりのスクリプトを約2か月間行ったところ，支援目標である「自発的に準備と片づけを行う」と「相手に合わせて一緒に調理の行為をする」を達成することができた。そこで，休日に，父親にスクリプトに沿ってタロウさんに関わってもらったところ，父親との相互作用においても，同様に支援目標を達成することができた。

4．まとめ

　子どもは家庭や地域社会で社会性について多くを学んでいる。家庭生活における子どもの社会性の学びに焦点を当てると，支援者は，日々の生活の中で親と子どもの心地よい関係性が成

立しているのか，また，親が子どもの課題を正確に捉えて主体的にアプローチできているのかといった点に目を向け，サポートしていく必要があるであろう。その際に，親子のやりとりを脚本化する「スクリプト」は，親の子どもへのかかわり方にヒントを与え，支援者と家庭とで支援目的・方法を共有し連携を図るための強力な手段として貢献すると考えられる。

　親と支援者とで共同してアイデアを出し合いながらスクリプトを作成し，柔軟にスクリプトを評価・修正しながら支援に取り組むことで，子どもは特定の場での学びを超えた，家庭，地域といったネットワークの中で，豊かでしなやかな社会性を育んでいくと考える。

〔吉井勘人〕

〔文　献〕

Griffin, P., McGaw, B., & Care, E. (eds.) (2012) *Assessment and teaching of 21st century skills.* Dordrecht, Heidelberg, London, New York: Springer.〔三宅なほみ（監訳），益川弘如・望月俊男（編訳）(2014) 21世紀型スキル：学びと評価の新たなかたち．北大路書房．〕

長崎　勤・小野里美帆 (1996) コミュニケーションの発達と指導プログラム―発達に遅れをもつ乳幼児のために―．日本文化科学社．

長崎　勤・佐竹真次・宮﨑　眞・関戸英紀（編著）(1998) スクリプトによるコミュニケーション指導―障害児との豊かなかかわりづくりをめざして―．川島書店．

佐竹真次・長崎　勤・関戸英紀 (2003) スクリプト理論に基づく発達障害児のコミュニケーション機能に関する体系的・実用的研究．研究課題番号10551007　平成10年度／平成13年度科学研究費補助金［基礎研究 (B) (1)］研究成果報告書．

Prizant, B. M., Wetherby, A. M., Rubin, E, Laurent, A. C., & Rydell, P. J. (2006) *The SCERTS Model: A comprehensive educational approach for children with autism spectrum disorder.* Paul H. Brookes Publishing Co.

中田洋二郎 (2009) 発達障害と家族支援．家族にとっての障害とはなにか．学研教育出版．

3. スクリプトおよびスクリプトフェイディング手続き*

1. はじめに

　スクリプトによる指導や支援にはさまざまな種類がある。ここでは，社会的スキルや会話行動のプロンプト法としてのスクリプトを紹介する。プロンプトには言語プロンプト，身体プロンプトなどさまざまなプロンプトがある。例えば，言語プロンプトは指導者か対象の子どもに「『○○ください』と言って」と指示することである。子どもは指導者のモデルを模倣する。繰り返す中で，しだいに1人で「○○ください」と言えるようになる。プロンプトとしてのスクリプトの身近な例は，子どもが話す言葉をメモ用紙に書いてあげ，会話場面で子どもがそのメモを見ながら発話する場合である。

　この例のように，スクリプトを使うメリットは，会話場面で指導者からの介入を最小限にすることができる，つまり侵襲性が弱いことである。また，子どもによっては，文字などに強い興味があり聴覚的なプロンプトより視覚的なプロンプトが効果的な場合もある。さらに，注意が転動したり持続しない子どもの場合には，言語プロンプトよりも永続して目の前にあるスクリプトの方が適している場合もある。

　スクリプトおよびスクリプトフェイディング手続きという名称を知らなくても，類似した指導手続きを活用している場合は多いと思われる。上記のメモを活用した発話指導をより体系的に，より洗練された指導技術にまで高めたものと考えることもできる。ここでは，スクリプトおよびスクリプトフェイディング（script and script fading，以下S・SFと略す）手続きを紹介する［McClannahan & Krantz, 2005；菊地・宮﨑，2013；宮﨑，2011，2013；宮﨑・小田，2010；宮﨑ら，2008，2012；宮﨑・高屋敷，2011；佐々木・宮﨑，2013；嶋野ら，2012；下平・宮﨑，2009；山崎・新藤，1997］。

2. S・SF手続きの特徴

　マクラナハンとクランツ［McClannahan & Krantz, 2005］は，自閉症児に会話の相互交渉を指導するために，S・SF手続きを開発した。S・SF手続きの特徴を，ディスクリート試行指導（Discrete Trial Training，以下DTTと略す）や機会利用型指導による言語指導と対比させ，説明してみる

---

　*本稿は，『自閉症児の会話指導―スクリプトおよびスクリプト・フェイディング―』［McClannahan, L.E., & Krantz, P.J.,2005］を参考に作成。宮﨑［2013］でも一度解説している。興味がある方は，これらの文献を直接参照してほしい。

ことにする。

　DTTは，指導者からの言語指示・課題提示（A），子どもからの応答（B），指導者からのフィードバック（C），からなる指導手続きである。例えば，指導者が事物の写真カードを子どもに提示しながら「何ですか？」と尋ねる（A）。子どもが「（事物の名称）」を言う（B）。指導者は，正反応の場合，「そうだね」などと言って強化する（C）。もし間違っている場合は，指導者が事物の名称を言い（A），子どもが模倣して事物の名称を言う（B）。そして，指導者が子どもの発話に随伴して「そうだね」と言って強化する（C）。このような指導手続きである。効率的で，効果的な言語指導手続きである一方，子どもと話し相手との会話という点では，DTTのやりとりは普段の会話と異なる。DTTでは，子どもは指導者の言語指示があるまで，じっとしていなければならず，指示に対して応答する。応答が正しい場合，言語的に強化（「そうです。よくできたね」）し，誤反応のときには，言語プロンプトを提示し模倣させ強化する。このDTTにおける指導者と子どもとのやりとりは，通常の会話と異なる。

　さらに，機会利用型指導における指導者と子どもとのやりとりも通常のやりとりと異なる。例えば，大好きな事物を手の届かない所に置き，子どものそばに指導者がいる。子どもが指導者の手を持ったり，衣服を引っ張ったりして非言語的にその事物を取ってほしいと伝えてきたら，指導者は「とって」と言語プロンプトを提示する。子どもが模倣して「とって」と言ったら，すぐにその事物を取ってあげ，「よく言えたね」と言って言語強化する。この機会利用型指導による要求言語行動の指導も，通常の会話のやりとりと異なる。

　S・SF手続きでは，指導者が質問し，それに子どもが応答し，指導者がその応答を強化する，という形式のやりとりではなく，子どもがまず発話し，大人が子どもの発話に応答する。もし，さらに子どもが発話を続けるなら，大人が応答する。子どもが発話をやめたら，大人は会話を継続させようとせずに，終了する。このような会話の経験を自閉症児に提供することを目指している。

　しかし，マクラナハンとクランツ[2005]は，DTTと機会利用型指導を否定している訳ではない。例えば，スクリプト「今日，映画館に行こう」を導入する場合，流ちょうにこのスクリプトを読めるようにするため，事前にDTTによる読みの練習を行う。S・SF手続き，DTT，機会利用型指導の特長を活かせば，言語および会話スキルを効果的に増進できる。

3. スクリプトの種類

　スクリプトとは，書かれたあるいは録音された単語や文のことである。書かれたスクリプトの例は，カードに「高い高いして」，「新幹線ははやい」，「今度，遠足に行きます」などである。このスクリプトを録音した場合，録音されたスクリプトとなる。スクリプトが書かれたか録音されるかの違いだけで，スクリプト自体は，書かれたものも録音されたものも同じである。

　書かれたスクリプトは，単語や文をカードに記入することで，作成する。書かれたスクリプ

トは，単語や文を読むことができる子どもや大人に向いている。書かれたスクリプトは録音再生機を使用する場合に比べ目立たないので，屋外など他の人の目に触れる場所で使用しやすい。カードの代わりにパソコンやタブレット端末，スマートフォンに表示することもできる。

録音されたスクリプトは，小型録音再生機（ミニミやボイスオーバー）*などに録音する。まだ文字を読めない自閉症の幼児や重度の知的障害のある自閉症者に，会話を指導するとき使用する。また，録音されたスクリプトは，発音や発話の抑揚など，文字や文で表現できない手本を子どもに提供することができるという特徴を持っている。

S・SF 手続きは，書かれたスクリプトおよび録音されたスクリプトという 2 つの選択肢があるので，重度の知的障害のある自閉症児者から軽度知的障害のある人まで活用できる範囲が広い。スクリプトを対象とする子どもや大人に合わせて個別化することが重要である。対象となる人の言語スキルに見合ったスクリプトにする。興味や好みを取り入れる。また，学級や家庭で行っている活動に必要な言葉をスクリプトにする。このように個別化することで，より効率的な習得や維持般化につながる。

スクリプトを使用する利点は，会話の最中に会話の相手やプロンプターから言語モデルを提示され模倣させる場合に比べ，普通の会話に近いことである。

マクラナハンとクランツ［2005］は，S・SF 手続きの指導の効果として次のことを挙げている。

・すでにスクリプトがフェイディングされ手元にないのに，スクリプトを言い続ける。
・スクリプトの単語・文と話し相手の発話などを組み合わせ，新しい文を発話するようになる。
・スクリプトの文と以前に聞いたか学んだ文とを組み合わせ，新しい文を発話するようになる。

4．指導の準備

S・SF 手続きによる会話指導を行うために指導開始前に，①好みの観察，②スクリプトの決定，③スクリプトの作成，④指導者 2 名，を確保しておく。

①好みの観察

子どもの好みを観察する。どのようなおもちゃ，食べ物，活動を好むのかを把握する。好きなおもちゃ，食べ物，活動は会話の話題にも強化子にもなる。好みがはっきりしない場合，子どもの前に 2 つの物品を提示し，選択させてアセスメントする方法もある。

②スクリプトの決定

---

*ミニミとボイスオーバー：米国製の小型録音再生機である。インターネットなどで購入できる。インターネットで検索すると，グリーティングカードなどに内蔵されている小型録音再生機のキットなどが出てくる。これを利用することもできる。

ブランコ，こちょこちょ遊び，おもちゃ，お菓子などのように子どもが好きな活動や品物を，特に最初の頃は話題にすると円滑に指導が進む。子どもの言語スキルに応じて，単語・2語文・3語文など文の長さを決める（「ブランコ」「ブランコ，のせて」など）。基本的には，スクリプトは1つでなく，複数のスクリプトからなるセットで指導する。

③スクリプトの作成

スクリプトをカードに書くか，小型録音機に録音する。録音に際して生活音などが混ざらないようにする。また，最初は同じ人の声で普通の速さか少し遅いくらいの調子で話す。

④2名の指導者

この指導に慣れるまで2名の指導者を確保する。1人が会話相手で，もう1人がプロンプターである。プロンプターは子どもの背後からプロンプトを行い，しだいにプロンプトをフェイディングする。

5. プロンプターと会話相手の役割

この指導の開始当初は，2名の大人が指導に参加するのが望ましい。1人は会話相手でもう1人はプロンプターである。子どもがこの指導の流れに慣れてきたら，1人の大人が会話相手とプロンプターの役割を兼ねることができるようになる。

プロンプターは，できるだけ間違いを少なくしたり防いだりする。また，子どもが正しい反応をするよう手助けし，正しい発話に賞賛やシールなどの強化子を提供する。会話相手は，質問と指導を行わず，子どもの方を向き関心を示す。子どもの発話の開始に好意的に応答する。子どもの発話に関連した応答をしたり，発話に関連した遊具や活動で遊んだりすることで，子どもの発話を強化する。

プロンプターは，子どもの背後に立ち，子どもの手あるいは手首あたりを持ちガイド (graduated guidance) する。子どもが書かれたスクリプトを見ない場合には，指示棒で背後から読む箇所を指示する。

手によるプロンプトに関する注意事項は下の枠内の通りである [McClannahan & Krantz, 2005]。

1. 子どもの背後に立つ。子どもに語りかけない。
2. 強化する (賞賛する，シールなどのトークンを与える)。
3. 誤りを防ぐために手のガイドを使う (graduated guidance)。
4. 手のガイドは子どもの動きに応じて強弱をつけ，できるだけ速やかにフェイディングを始める。
5. 次に，空間フェイディングを使う (手→前腕→肩→背後に触れる位置を移す)。
6. 次に，子どもの手にふれず子どもの手の動きに合わせて手を動かす (シャドウィング)。
7. 次に，子どもからしだいに遠ざかる。
8. 誤りが生じたら，前のプロンプトのステップに戻り最初からやり直す (行動リハーサル)。

9. できるだけ早くプロンプトされた正反応の強化をやめる。プロンプトなしの正反応だけ強化する。
10. もし不適切な行動（大声を出す，ステレオタイプ，走り去る）が生じたら，行動リハーサルを行う。

　会話相手は，子どもに通常のやりとりを経験させるように配慮する。子どもの言語スキルに相当する応答か，それよりわずかに高いレベルの応答をする。指導熱心なあまり，子どもの発話を修正したり，長々と応答しない。また，会話がDTTにならないようにするために，会話相手は子どもに質問や指示をしない。

　会話相手が配慮する事項は下枠の通りである［McClannahan & Krantz, 2005］。

1. 子どもを見つめ，笑いかけ，やりとりに誘う。
2. 子どもの発話の試みに熱心に応答する。
3. 子どもが理解できる言葉を使う。
4. できるだけ自然な会話をする。
5. 子どもが関心を持つような応答をする。
6. 適切な音量と抑揚の手本を示す。
7. 身振りの手本を示す。例えば，指し示しながら「これが好き」と言う。
8. 子どもが話し始めるきっかけとなる好きな活動，遊具，おやつを与えることにより，社会的やりとりを強く強化する。

6. スクリプトの作成

　通常，話題に関連して3〜5つくらいのスクリプトをまとめて作成する。これをセットと呼ぶ。マクラナハンとクランツ［2005］には，S・SF手続きによる会話指導を幼児期に開始し青年期に至るまでに，40〜50セットを指導し習得した子どもが紹介されている。1セットに5つのスクリプトが含まれると仮定すると，200〜250の言い方を習得したことになる。2，3歳から指導を開始し2，3年後の幼稚園入園の時に特別の支援や配慮なしに，定型発達の子どもと見分けがつかないほど成長した子ども数名の例が報告されている。

　事前に，子どもにスクリプトをすらすら言える，読めるようDTTによる指導をしておくことが大切である。S・SF手続きによる会話指導の中で，話し方の指導や読み方の指導をしない。スクリプトの作成に際して，次の枠内のことが参考になる［McClannahan & Krantz, 2005］。

1. 子どもが大好きな物や活動を直に入手できる単語や文を選ぶ。
2. 子どもが理解できる単語を使う。
3. 複数のスクリプトから成るセットを構成する場合，スクリプトの語頭の文字が異なる単語や文にする。語頭の文字までフェイデイングされたとき，すべてのスクリプトが同じ文字だと，何を言えばいいのか子どもが混乱する（例えば「算数の勉強を始める」「算数が好き」「算数は難しい」はいずれも語

頭音が「さ」)。
4. 子どもが格助詞などをまだ言えなくても，スクリプトには正しく表記する。
5. 年齢にふさわしいスクリプトにする。幼児は「まんま」でも，年長児は「ご飯」。

7. プロンプトとスクリプトのフェイディング

S・SF手続きによる会話指導では，2種類のフェイディングがある。1つは，手のガイドのフェイディングである。もう1つは，スクリプトのフェイディングである。

1) 手のガイドのフェイディング

プロンプターは，子どもが必要な動作が取れない場合，子どもの背後から手を取り，動きを導くと同時に，子どもの手の動き方から有益な情報を得るよう心がける。子どもが動き方を習得するにつれて，大人により動かされていた状態からしだいに子どもが先行して手を動かし始める。子どもの手の動かし方からこの動きの先導を感じたら，プロンプターは力の入れ方を減じる。もし，子どもが誤った動きを始めようとするなら，即座に力を入れ，正しい動きに導く。この力加減を子どもの状態に応じて加減することから段階づけられた（graduated）ガイドという。

次のフェイデングのステップは，空間フェイディングである。握る位置を手から，手首→前腕→肘→上腕，肩・背中，と空間フェイディングする。ここまで，細かくステップを刻まなくてもよい場合もあるので，フェイディングのステップを個別に設定する。次のフェイディングのステップはシャドウィング（影になること）である。手に触れることなく，子どもの手の上にプロンプターは手をかざすだけにとどめる。もし子どもが誤った動きを始めたら手のガイドにプロンプトのステップを戻す。シャドウィングの後は，子どもからだんだんと離れていく。最終的には，部屋の隅あるいは部屋から出る。

2) スクリプトのフェイディング
(1) 書かれたスクリプトのフェイディング

子どもが書かれたスクリプトを見て発話し始めたら，速やかにフェイディングを始める。書かれたスクリプトのフェイディングは，語尾から漸進的に語頭に向けて文字・単語を削除していき，最後はカードを取り除く。例えば，「今度の休みに，お父さんと動物園に行きます。」のフェイディングは，次の通りである。

ステップ0：今度の休みに，お父さんと動物園に行きます。
ステップ1：今度の休みに，お父さんと動物園に
ステップ2：今度の休みに，お父さんと
ステップ3：今度の休みに，

ステップ4：白紙のカードだけ
ステップ5：白紙のカードを除去する

　指導の経過で発話の誤りが生じることもあるが，①誤りの率が低い，②同じ誤りを繰り返さないなら，フェイディングを進める。

(2) 録音されたスクリプトのフェイディング

　子どもが録音されたスクリプトを模倣し発話し始めたら，速やかにフェイディングを始める。録音された単語・文の語尾からだんだんと消していく。単語・文の先頭の文字や単語がフェイディングされても，子どもがスクリプト全体を言い続けたら，小型録音再生機も取り除く。
　例えば，「買い物に行きます」というスクリプトのフェイディングは，次の通りである。フェイディングのステップ数は，子どもの言語スキルなどにより個別に決める。

ステップ0：「買い物に行きます。」
ステップ1：「買い物に行き」
ステップ2：「買い物に」
ステップ3：「か」
ステップ4：録音が消去された小型録音再生機がある。
ステップ5：小型録音再生機を取り去る。

　フェイディングを始めると，スクリプトを言わない，あるいは残っている部分だけ言うという誤りが発生することがある。この場合，行動リハーサルを行う。それでも言わない場合，前のフェイディングステップに戻る（例えば，ステップ3からステップ2に戻す）。前のステップでスクリプトを話したら，次のステップに進む（例えば，ステップ2からステップ3）。このようにステップを前後している間に，しだいにフェイディングが進むことが多い。
　行動リハーサルとは，子どもが誤ったら，誤った箇所を繰り返し指導するのでなく，指導の最初から再び始めることである。

8. 記録の仕方

　S・SF手続きによる指導の評価は，記録に基づき行う。したがって，指導経過を観察し記録する。記録をとるために，次の用語の定義を参考にしてほしい。
　まず，やりとりの定義である。やりとりとは，会話相手の1メートル以内に接近し，相手の方を向き，1語以上の理解可能な単語を発することである。同じ語句をくり返し発話しても1回と記録する。また，話し相手の発話をくり返した場合はやりとりとしない。話し相手の質問や指示への応答もやりとりとしない。
　次に，スクリプトを見聞きして発話するやりとりを「スクリプトのやりとり」と呼ぶ。また，

スクリプトを見聞きしない発話を「スクリプトなしのやりとり」と呼ぶ。2つのやりとりの詳しい定義を下の枠内に示す [McClannahan & Krantz, 2005]。

> 1. スクリプトのやりとり
>   スクリプトのすべてあるいは一部があるときに、そのスクリプトを言うことと定義する。もし録音が「アヒル」にまでフェイドアウトされたとき、子どもが「アヒルがガーガー」と言ったら、スクリプトの発話とする。
> 2. スクリプトなしのやりとり
>   スクリプトが全くないときに1語以上の理解可能な単語を言うこととして定義する。スクリプトが完全にフェイドアウトされた白紙カードのときに、子どもが「本を見て」と言うなら、その発話はスクリプトなしである。スクリプト「本を見て」が完全にフェイドアウトされた後に「クッキーを見て」と言ったなら、スクリプトなしの発話である。録音されたスクリプト「ホットドッグ」を再生し、「うーん、チップスおいしい」と言ったならば、その語句はスクリプトなしである。録音されていないカードを再生し「ママ」と言ったら、スクリプトなしの発話とする。

9. さまざまなスクリプトを活用したさまざまな指導

1) アルバムとスクラップブック

多くの子どもは、家族、教師と共に好きな活動や品物の写真を見るのが好きである。写真アルバムやスクラップブックを会話の話題にすることで、子どもと会話相手の大人が長い会話を楽しむことを学ばせることができる。各頁に1枚の写真を貼りつけ、それぞれの写真についてスクリプトを作成する。最初、子どもに写真を、次にスクリプトを指さしさせ、会話相手の方を向くように手でガイドする。通常のプロンプトフェイディングの順番（手のガイダンス、空間フェイディング、シャドウィング）で行う。

1冊目の写真アルバムでは、「これはお母さん」「お兄さんがそこにいる」「お父さんが花を育てている」「私は泳ぐのが好き」「外食に行った」といった5つくらいのスクリプトを1セットとして作成する。会話相手は子どもを期待して眺める。子どもの発話に随伴して、会話相手は「お母さんは赤い服を着ている」「お兄さんは大きいね」「お父さんはきれいな花を持っている」「ホットケーキはおいしいね」などと応答する。再び、子どもを期待して眺める。子どもが10秒間何も言わないなら、子どもに頁をめくるよう手でガイドする。ページをめくる動作をプロンプトする必要がなくなれば、適宜、会話相手は「次のページは何かな」とか「○○の写真を見たい」とか「ページをめくろうか」と言って、ページをめくる動作を促すにとどめる。

家庭のアルバムは、子どもが家族の大切な出来事について話すことを学ぶ機会となる。例えば、写真に「遠足に行った」「新しい家に引っ越した」「○○君は、いとこ」「おじいさんが自動車に乗っている」「お姉さんは結婚した」というスクリプトを貼付し、両親や祖父祖母、親類とやり取りするために使用する。

スクラップブックでは，子どもが製作した作品や大好きな物品の写真などを各頁に貼り付ける。作品や写真のそばにスクリプトを添える。
　アルバムやスクラップブックについて，いろいろな人に，複数の場所で，会話する練習を積めば，会話スキルの対人般化と場面般化を促進する手立てになる。

2）朝の会での司会スクリプト

　司会の子どものためのスクリプトを作成する。朝の会には，「おはようございます」「これから朝の会を始めます」「先生，お願いします」などさまざまな言葉を司会が発話する。これらの発話機会を，スクリプトを参照しながら，相手に発話する練習をする。類似した発話の機会としては，集会の司会，お誕生会の司会，学習活動の中での司会などさまざまな機会に応用できる。

3）スクリプトリスト

　自閉症の子どもの中には，話すことができても進んで話し始めない子どもがいる。スクリプトがなくても会話相手を見つけ話し始めるためには，特別な指導が必要な場合もある。このような場合，スクリプトの一覧表を用意するというアイデアがある。話題のリストをチェックすると，同じ話題をくり返す単調な会話を避けることができる。

10．まとめ

　筆者の研究室でも，臨床指導の中でS・SF手続きを使った会話指導を行ってきた。会話の指導に有効な指導法であるという感触を得ている。しかし，マクラナハンとクランツ［2005］のように，1人の子どもに長期にわたり数多くのスクリプトのセットを指導するまでに至っていない。
　子どもは毎日，学校に登校する。さまざまな学習活動や休憩時間がある。その活動や時間の中に会話指導に活用できるさまざまな会話場面がある。このような会話場面を活用して，日常生活，社会生活でよく見られる会話のパターンをスクリプトにして，毎日でなくても，週に数回の指導を学期単位で実施し，小学部小学校では6年間，中学部中学校では3年間，高等部3年間と継続して指導を行う。マクラナハンとクランツ［2005］のように，スクリプトのセットを50セットあるいはそれ以上子どもに習得させていくことができるかも知れない。その結果，子どもたちの会話スキルがどの程度発達するのか，検証してみたい気がする。この指導法に興味を持ち，試してみて頂ければと考える。紹介した手続きそのままが難しい場合には，創意工夫をして，その場に合ったやり方を考案してもらえれば有り難い。

〔宮﨑　眞〕

〔文　献〕

菊地　護・宮﨑　眞（2013）パーソナルコンピュータに制御されたスクリプトおよびスクリプト・フェイディング手続き―小型液晶ディスプレイによる提示システム―．行動分析学研究，27，92-103．

McClannahan, L. E., & Krantz, P.(2005) *Teaching conversation to children with autism : Scripts and script fading.* Bethesda, MD : Woodbine House Inc.

宮﨑　眞（2011）社会的スキルは地域社会への参加を促進する．長崎　勤・藤野　博（編著）学童期の支援．ミネルヴァ書房，pp.128-136．

宮﨑　眞（2013）自閉症児・者に対する新たな会話の指導法―スクリプトおよびスクリプトフェイディング手続き―．日本行動教育・実践研究，33，15-24．

宮﨑　眞・小田愛美（2010）自閉症中学生2名に対するスクリプトおよびそのフェイディング手続きによる携帯電話スキルの指導―取次スキルおよび後からの報告スキルの習得と般化―．岩手大学教育学部研究年報，70，65-79．

宮﨑　眞・下平弥生・太田和人・玉澤里朱（2008）自閉症児者における言語行動の指導法―スクリプトおよびスクリプトフェイディング手続きの検討（1）―．岩手大学教育学部研究年報，68，29-41．

宮﨑　眞・下平弥生・玉澤里朱（2012）自閉症児におけるスクリプトおよびスクリプト・フェイディング手続きによる社会的会話の促進．行動分析学研究，26，118-132．

宮﨑　眞・高屋敷翔子（2011）自閉症者の会話に対するスクリプトおよびそのフェイディング法の適用に関する研究―集団活動における効果的な介入手続きの検討（1）―．岩手大学教育学部附属教育実践総合センター研究紀要，10，187-202．

佐々木恵実・宮﨑　眞（2013）自閉症者へのスクリプトフェイディング手続きによる社会的スキルの指導―タブレット端末を利用した指導の有効性の検討―．岩手大学教育学部附属教育実践総合センター研究紀要，12，265-274．

嶋野重史・宮﨑　眞・鎌田智穂（2012）自閉症児へのスクリプトフェイディング手続きによる会話スキルの指導．岩手大学教育学部附属教育実践総合センター研究紀要，11，257-267．

下平弥生・宮﨑　眞（2009）自閉症のコミュニケーション指導に関する研究―スクリプト・スクリプトフェイディング法による自発的会話スキル促進―．岩手大学教育学部附属教育実践総合センター研究紀要，8，235-244．

山崎百子・新藤久和（1997）自閉症児に対するスクリプト・マニュアルを使った会話技能の教授とコミュニケーション技能の拡大．特殊教育学研究，35，19-31．

4. より豊かな社会参加をめざすためのツール

1. はじめに

　ソーシャルスクリプトに関する支援を行う際に，ツール（道具）は重要な役割を持っていることが実践研究からも明らかになっている［白井・長澤，2014など］。マクラナハンとクランツ［McClannahan & Krantz, 2005］は，自閉症スペクトラムの子どもから青年までにおけるコミュニケーション支援の技法の1つとして，「スクリプト＆スクリプトフェイディング（Scripts and Script Fading）手続き」（前章参照）を提唱している。具体的には，録音されたまたは記述された単語や文を外在的スクリプトとして支援対象者に提示し，学習の状況に応じて徐々に外在的スクリプトを減らし，内在的スクリプトに移行していくという手続きである。この支援技法は自閉症スペクトラムのある方々が社会的なやりとりを学ぶ手助けになるとしている。またその長所として，①個人の現在の言語スキルや，興味関心，好きなトピックや会話相手などに合わせて導入ができる点，②外在的スクリプトを徐々に減らす中で，これまで日常生活の中で経験したり獲得したりした他のスクリプトとのつながりを広げられる点(例："I like trucks" → "I like…" + "cars" や，"I like…" + "donuts") などが挙げられる。

　またこうしたスクリプトの獲得を日常生活の中で促進させる方法として，「活動スケジュール（Activity Schedules）＝系列的な活動に従事するための手がかりとなる写真や文字のセット」［McClannahan & Krantz, 1999］の重要性も述べている。また武蔵・高畑［2006］は，支援ツールを「生活をしていくための助けとなる援助手段」とし，具体的な支援ツールの種類として，「1. 認め合う関係をつくる交換記録ツール（チャレンジ日記）」，「2. 実行を助ける手がかりツール（自助具／コミュニケーション拡大手段）」，「3. 自発を促す手がかりツール（スケジュール／手順表）」「4. 支援環境を整える協働ツール（サポートブック）」の4種を挙げている。

　本章では，発達障害や知的障害のある幼児児童生徒にたいして，日常生活の中で周囲とのやりとりの機会を増やしたり，より豊かな生活の助けとなったりするような外在的スクリプト（支援のためのツール）の具体例を示す。マクラナハンら［2005］による音声（audio），画像（picture），単語・フレーズ（word, phrase），文（sentence）の各カテゴリーについて，筑波大学附属大塚特別支援学校（以下，「本校」とする）で活用されているツールを活用方法と合わせて紹介する。

2. 具体的な外在的スクリプトの例（支援のためのツール）

1）音声（audio）によるツール――音声ペンの活用によるコミュニケーション支援

〈支援ツールについて〉

　グリッドマーク株式会社の「G-Speak」を用いた。G-Speak は語学教材の1つとして開発され，紙面上（写真，文字，イラストなど）をペン先でタッチすることで，録音した音声を再生することができる。ペン型で握りやすく，また他の機器と比べて反応の速度も早いため，発語や発話に課題のある児童生徒のコミュニケーション代替手段（VOCA）としても活用をすることができるツールである。またPCと接続することで，紙面から情報を引き出すタッチペンとしての機能も併せ持っていることも特長である。写真やイラスト等をタッチすることで，リンクされた動画やWebをPCのディスプレイに表示させることができる。

〈音声ペンを活用したスクリプトの例1：「音声ペンを用いた司会進行スクリプト」〉

①支援対象：VOCAやサイン等の代替手段によるコミュニケーションを目標としている中学部，高等部生徒。

②支援のねらい：音声ペンを用いて，授業（朝の会やゲーム活動など）における司会進行の役割を行う。

　　設定：司会役の生徒は，所定の位置につく。
　　実行：音声ペンを持ち，指定のポイントをペンでタッチする。
　　確認：活動の様子を確認し，次の活動に移る際に，カードをめくる。
（以下，実行と確認を繰り返しながら会を進める。）

③成果や課題：音声ペンを活用する経験を重ねるうちに，「日直」ということがわかってきた様子がうかがえ，着席して落ち着いて取り組める時間が長くなった。また，活用の際に，よく周囲（特に友達）の様子を見ることができるようになった。また自分からペンを握る子も見られるようになった。今後は教材の種類をより増やしていくこと，ペンの持ち方や置く場所等をより工夫して指導することが課題として挙げられる。

　作成者：漆畑千帆（筑波大学附属大塚特別支援学校）
　出典：グリッドマーク株式会社ホームページ　http://www.gridmark.co.jp/

〈音声ペンを活用したスクリプトの例2:「ひらがなの学習」〉
①支援のねらい:音声ペンを用いて平仮名の音を聞き,絵カードと合わせる。
②支援対象:音声の模倣に興味を持ち,平仮名の読みの学習を目標としている小学部児童
　設定:マグネットボードに平仮名カードを並べて貼る。絵カードは机の上に準備をする。
　実行:音声ペンを持ち,平仮名カードをタッチする。
　　　　平仮名カードの音を聞き,対応する絵カードを選び,平仮名カードの下に合わせて貼る。
　確認:教員と一緒にそれぞれのカードをタッチして,正誤を確認する。
（以下,実行と確認を繰り返しながらカードを合わせていく）

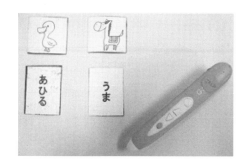 

③成果と課題:音声ペンから出る音を聞き,自分でも発話をしようとする機会が増えた。また,単文字の平仮名をタッチして音を聞き,拾い読みができるようになってきた。
　　作成者:坂本気恵（大妻女子大学）
　　　　　若井広太郎（筑波大学附属大塚特別支援学校）

2) 画像（picture）によるツール──シンボルカードによる支援
〈支援ツールについて〉

　音声言語を獲得する前段階,または獲得途中の子どもたちにとって,イラストや写真などの画像をカードにし,カードを用いたやりとりを通して理解や表出も有効なコミュニケーション手段である。画像によるコミュニケーションの長所の1つとして,さまざまな相手と意思や情報などを共有しやすいことが考えられる。例えば最近では,海外旅行等で役立つコミュニケーションツールとしても画像が注目されている。筆者も数年前,イタリアに旅行をした際,タブレット端末を用いた画像による会話支援アプリケーションが非常に役に立った経験がある。タブレット端末やアプリケーションの普及により,多種多様な画像を即時的にコミュニケーションツールとして活用することができるようになってきた。今後ますます活用の可能性が拡がると考えられる。

〈シンボルカードを活用したスクリプトの例:「きもちすっきりカード」〉
①支援のねらい:活動の見通しを理解し,情動調整を行う。
　　　　　　　活動の前後に活動内容を確認し,大人とコミュニケーションを図る。
②支援対象:視覚的な手がかりを用いて活動の見通しをもつこと,また活動の変更等による情動調整が目標である小学部児童。
　　設定:活動の流れの順番にシンボルカードを貼る。緑色の枠に貼る。活動の合間や最後に児童が好むカードを設定することが望ましい。
　　実行:各活動を行う。
　　確認:活動が終わったら,シンボルカードを赤色の枠に移して貼る。
　　　　　活動に変更がある際には,カードを貼り直して確認をする。
③成果と課題:活動の変更等で児童が混乱したり,情動不全な状態になったりした場合に,児童が「きもちすっきりカード」を呈示できるようにうながし,「○○したいね」「△△がおわったらできるね」などと伝えることで,情動の調整を図ることができた。
　　作成者:中村晋(筑波大学附属大塚特別支援学校)
　　　　＊SCERTS 2010.8 国際ワークショップ資料を参考に開発
　　出典:筑波大学附属大塚特別支援学校ホームページ
　　　　http://www.otsuka-s.tsukuba.ac.jp/

3) 単語・フレーズ (word, phrase) によるツール——グリーンポイントを活用したあたたかいことばがけの支援

〈支援ツールについて〉

　友達同士の関係を深める際に,賞賛(「やったね!」「よかったね!」など)や励まし(「がんばれ!」「できるよ!」など),フォロー(「どんまい」「だいじょうぶ」「次,頑張ろう」など)の「あたたかいことば」や,「やさしいかかわり」はとても重要である。本校中学部では「グリーンカード」と「グリーンポイント」を活用した,生徒同士によるコミュニケーション支援

を行っている。授業を中心とした学校生活において，上記のような生徒同士による「あたたかいことば」や「やさしいかかわり」が見られた際に，教員が「それ，すてきだね！」などのことばがけをしながら，グリーンカードを提示し，グリーンポイント（緑色のドット型シール）を生徒に渡す。グリーンポイントを受け取った生徒は，ネームホルダー内のシートにシールを貼る。グリーンポイントが蓄積される経験を通して，生徒は自分たちのかかわりについて視覚的に振り返ることができる。またグリーンポイントを蓄積したシートは自宅に持って帰り，家族等に学校での友達とのかかわりを伝えるためのツールにもなる。

〈グリーンポイントを活用したスクリプトの例：「グリーンマスターを目指そう！」〉
①支援対象：友達への「あたたかいことばがけ」が目標である中学部生徒。
②支援のねらい：
　　設定：友達とチームを組み，ゲーム的活動（例：ペットボトル運び）を行う。
　　　　　A：友達が上手に活動を遂行できる。（例：ペットボトルを落とさずにゴールまで運ぶことができる）
　　　　　B：友達が上手に活動を遂行できない。（例：ペットボトルを途中で落としてしまう）
　　実行：友達が活動を行っている際に「がんばれ！」「できるよ！」などと応援する。
　　　　　Aの際に，「やったね！」「よかったよ！」などと賞賛する。
　　　　　Bの際に，「どんまい！」「次，頑張ろう！」などと励ます。
　　　　　（「そのことばがけ，素敵！」などと言いながら教員がグリーンカードを提示し，グリーンポイントを渡す）
　　確認：グリーンポイントをシートに貼り付ける。
③成果と課題：友達とのかかわりを認められる経験を重ねる中で，友達の「あたたかいことばがけ」や「やさしいかかわり」に注目し，モデルとして真似をする様子が見られるようになった。また授業を振り返る際に，「うれしい」「くやしい」等の感情を思い出し，ことばで表現できるようになった。学校と家庭の両方で他者から認められる経験を多面的かつ多重的に

重ねることで，他者とのかかわりに対する自信が高まり，生徒の自尊感情が高まっている。
　作成：筑波大学附属大塚特別支援学校中学部
　出典：中村　晋・漆畑千帆（2015）藍染め班（前期）〜素敵な藍染め製品を作ろう　附属高校文化祭に向けて〜，筑波大学附属大塚特別支援学校編，特別支援教育のとっておき授業レシピ．学研教育出版，pp.198-201.

4）文（sentence）によるツールⅠ──マイノートを活用した学校や家庭でのやりとり

〈支援ツールについて〉

　単語やフレーズに加え，文を書いたり読んだりすること，またそれらを用いて他者とやりとりを行うことで，より多様な情報や意思を記録したり，振り返ったり，共有したりすることができる。本校でも児童生徒の実態に応じて，例えば日課帳や日記帳の記入など，文章で1日の活動を記録したり振り返ったりする取り組みを行っている。今回紹介する「マイノート」もこれと同様のツールである。1日の学習活動と学習内容を簡単な文章で記述し，最後に感想（例：たのしかったこと，がんばったこと）を文章で書くようにした。また記述した文章を手がかりに，教員や家族に出来事や気持ちを伝え，共有する場面を設けた。マイノートはバインダーブックに挟み，いつでも本人が見返して確認ができるようにした。日記帳に加えてスケジュールを確認する手帳としての機能も加わったツールとなっている。

〈マイノートを活用したスクリプトの例〉

①支援対象：学校や家庭での活動の振り返りや他者（教員や家族など）との共有が目標である小学部児童。

②支援のねらい：1日の学習活動や内容を単語や文で書くことができる。
　　　　　　　　マイノートを基に行った活動やその時の気持ちを振り替えることができる。
　　　　　　　　マイノートを基に家族や教員と出来事や気持ちを共有することができる。
　　設定：ノートに1日の学習活動を記述する。
　　実行：行った学習活動の内容と気持ち（表情マーク）を記入する。
　　　　　1日の終わりには感想を文章で記入する。
　　確認：ノートの記述を手がかりに，行った活動やその時の気持ちについて，
　　　　　学校で教員とやりとりをする。
　　　　　自宅で家族とやりとりをする。

③成果と課題：学校と家庭との双方でのやりとりの経験を重ねる中で，表情のマークを記述することによる，感情の表現が広がった。また，1日の振り返りを単語や文章で表現する際にも，「たのしかったことは○○です」「さみしい」などの感情表現が見られるようになった。
　作成者：若井広太郎（筑波大学附属大塚特別支援学校）

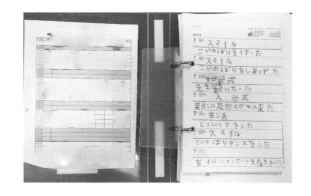

5) 文（sentence）によるツールⅡ——「めくりカード」を活用した発表や司会進行の役割の支援

〈支援ツールについて〉

　文章による支援ツール例の2つめとして，「めくりカード」が挙げられる。「めくりカード」は文字やイラスト，写真などを用いて，活動の順番や流れなどの理解をうながすために多くの場面で活用されている。単語帳のようにカードに穴を開け，リングで止めることで，繰り返し順番や流れを確認することができる。本スクリプトでは，リングを複数の箇所に通し，日めくりカレンダーのように用いることで，他者に情報を伝える発表や司会進行の場面で活用をした。本校では，生活単元学習やあつまり（学級活動）等の時間に，発表や司会進行などの役割を設定し，幼児児童生徒が意欲的に役割を担えるよう，子どもたちの実態に合わせた支援ツールを活用している。文字や画像だけでなく，文（台詞）があることで，文字を手がかりに発話できる子どもたちにとってはよりスムーズに役割を担うことができる。また周囲の人（友達や教員など）にとっても，話題や発話の内容が分かりやすくなることが特長である。

〈めくりカードを用いたスクリプトの例〉

①支援対象：文章を手がかりに発話ができる小学部児童。
②支援のねらい：めくりカードに書かれている文章を手がかりに，生活単元学習（単元名「す

ごいぞ！　にんじゃきょうしつ」）の司会を行う。

　　設定：めくりカードをスタンドにセットする。

　　実行：あいさつをする。「きをつけ，これから，にんじゃきょうしつを　はじめます」

　　　　　カードをめくり，次の活動を紹介する。

　　　　　「2ばんは　うたです」

　　　　　活動の内容に応じて，係の友達を指名したり，教員に依頼をしたりする。

　　　　　「○○せんせい，ピアノを　おねがいします」

　　　　　「○○くん，うたの　かかりを　おねがいします」

　　確認：めくりカードとスタンドを片づける。

③成果と課題：経験を重ねることで，文章を見て確認しなくても台詞を言えるようになってきた児童もいた。次のステップとして台詞の部分をカットし，活動名と画像（写真またはイラスト）によって台詞を想起できるように教材を工夫した（スクリプト – フェイディング手続き：Script-Fading Procedure）[Krantz & McClannahan, 1993]。その結果，相手の様子を見て，台詞を言うなどの様子も見られた。

　　作成者：若井広太郎（筑波大学附属大塚特別支援学校）

3. まとめ

　紹介したツールとスクリプトの例は，ごく一部であるが，それぞれのツールに共通する成果として，集団活動においてツールを子ども自身が操作できるようになることで活動の参加がよりうながされ，さらに他者と情報を共有したり，やりとりをしたりできるようになったことが挙げられる。特に学校の学習場面に留まらず，家庭等に持ち帰ることで，保護者やきょうだいといった家族と共有ができることが，ツールの長所の1つと考えられる。コミュニケーションの基盤として，他者と共有する経験を積み重ねることは非常に重要であると考える。継続して取り組む中で，周囲の大人（例えば教員や保護者など）は，子どもが自発的にツールを活用できるように環境を調整したり，子どもの力やニーズに応じて，ツールをカスタマイズしたりすることが重要であると考える。

　東京IEP研究会[2000]は，障害のある人が本人の能力を発揮できるルール（社会性）を獲得する際に中核となるものとして，「コミュニケーション・システム」と「強化システム」を挙げている。「コミュニケーション・システム」では，言葉・文字・絵・実物・動作などの道具を用いて周囲（社会）からの要求の理解をうながしたり，個人の好みの希望を他者に伝えたりする際に，どれを用いてどのくらい内容が伝えられるかについての情報を把握することが重要であるとしている。また「強化システム」では，他者から提供される強化のシステムについて，どのような強化を，いつ・どれくらい・どのように提供することで，子どもが自己の要求に基づいた行動を取り続けられるのかを確定する点が重要であるとしている［東京IEP研

究会, 2000]。

　本章では各カテゴリーに分けてツールを紹介したが, 上記したスクリプトの例にも示されているように, 実際は音声や画像, 単語や文などを組み合わせて活用している。社会性を育むツールを検討する際に, 支援者が子どもの実態を多面的にとらえながら, さまざまなコミュニケーションの方法をトータルに考える視点が重要である。一方, 近年ではタブレット端末等のICT機器の普及に伴い, コミュニケーションの方法がより多様化, 複合化してきている。特に言語の理解や表出といったコミュニケーションの力が拡がる時期には, 子どものニーズや実態に応じて, コミュニケーションの方法の新たな選択肢を検討したり, 重点を置く方法を調整したりする観点が重要であると考える。

〔若井広太郎〕

〔文　献〕

Krantz, P. J.,& McClannahan, L. E. (1993) Teaching children with autism to initiate to peers: effects of a script-fading procedure. *Journal of Applied Behavior Analysis*, **26** (1), 121-132.

McClannahan, L. E.,& Krantz, P. J. (2005) *Teaching conversation to children with autism : Scripts and script fading*. Bethesda, MD : Woodbine House Inc.

武藏博文・高畑庄蔵 (2006) 発達障害のある子とお母さん・先生のための思いっきり支援ツール―ポジティブにいこう!―. エンパワメント研究所, pp.18-19.

中村　晋・漆畑千帆 (2015) 藍染め班（前期）〜素敵な藍染め製品を作ろう　附属高校文化祭に向けて〜. 筑波大学附属大塚特別支援学校（編）, 特別支援教育のとっておき授業レシピ. 学研教育出版, pp.198-201.

白井理絵・長澤正樹 (2014) 知的障害のある成人を対象としたスクリプトによる自発的な雑談スキル獲得訓練―スマートフォンの活用を通して―. 日本特殊教育学会第52回大会発表論文集.

筑波大学附属大塚特別支援学校ホームページ（http://www.otsuka-s.tsukuba.ac.jp/）

東京IEP研究会 (2000) 個別教育・援助プラン. 財団法人安田生命社会事業団.

山口京子・生田　茂・漆畑千帆・根本文雄 (2014) 特別支援教育における音声ペンやiPadを活用した教育実践(3)―音声ペンの活用からiPadを活用した事例の報告―. 日本特殊教育学会第52回大会発表論文集.

Ⅲ

スクリプト集と実践研究（事例）

A. スクリプト集〔暮らす〕①

計画を立てて買い物をする

♣スクリプト名 ー「みんなでフルーツミルクゼリー！」

課題：材料の購入から調理までの一連の流れを経験する。
　　　自分や友達の役割を知り，集団の中で自発的に役割を行う。
　　　友達と協力して調理の材料を購入する。
　　　購入した材料で簡単な調理をする。
役割：〈買い物場面〉
　　　①買い物かごを準備する。②商品を探して買い物かごに入れる。③レジでお金を支払う。④買った品物を袋に入れて，持ち帰る。
　　　〈調理〉
　　　①調理に必要な用具や食器を準備する。②材料のパッケージを開ける。③材料を計量する。④材料を入れてかきまぜる。⑤食器に盛りつける。⑥配膳をする。⑦使用した用具や食器を洗う。⑧用具や食器を片づける。
教材：財布，お金，フルーツミルクゼリー，牛乳，ボウル，泡立て器，計量カップ，おたま，食器，スプーン。

（買い物場面）
場面1：導入—〔設定〕
　1) フルーツミルクゼリーを作るのに必要な材料と数量を確認する。
　2) 買い物の役割を確認する。
　　（例：買い物かごを準備する役割，商品を探しかごに入れる役割，レジでお金を払う役割，買った品物を袋に入れて持ち帰る役割）
場面2：展開—〔実行〕
　1) お店に行く。
　2) 買い物かごを持つ。
　3) 必要な材料を探して，かごに入れる。
　4) レジでお金を払い，おつりとレシートをもらう。
　5) 買った品物を袋に入れて，持ち帰る。
場面3：まとめ—〔確認〕
　1) 買った品物を確認する。（牛乳は冷蔵庫に入れる）
　2) レシートのおつりの金額と財布の中のお金を確認する。

〈調理場面〉

場面1：導入—〔設定〕
1) フルーツミルクゼリーを作る工程を確認する。
2) 調理の役割を確認する。(例：用具や食器の準備や片づけをする役割，材料を計量する役割，材料をかきまぜる役割，食器に盛りつけ配膳をする役割)
3) 手洗い，マスクや白衣の着用など，調理をするための準備をする。

場面2：展開—〔実行〕
1) 用具や食器を準備する。
2) 材料のパッケージを開ける。
3) 材料を計量する。(例：計量カップを用いて牛乳を200mℓ計量しボウルに入れる)
4) 材料を入れてかきまぜる。(例：ペアで押さえる役割とかき混ぜる役割を行う)
5) 食器に盛りつける。(例：人数分の食器におたまで均等に盛りつける)
6) 配膳をする。(例：スプーンと食器を並べる)
7) みんなで揃ったら挨拶をして食べる。

場面3：まとめ—〔確認〕
1) 使った用具や食器を洗い，片づける。
2) みんなで一緒に買い物をしたり，作って食べたりしたことを振り返る。

1. スクリプト設定の理由

子どもたちにとって調理は目標（ゴール）が分かりやすく，活動に対する動機づけも高い。また調理をするためには材料を準備することが必要であり，材料の数量を考慮して計画的に購入する必然性が生まれる。買い物と調理とを組み合わせることによって，より生活の流れに沿った経験をすることができる。また，友達と役割を分担して一連の経験をする中で，友達と一緒に目標を達成することの楽しさや喜びを味わわせ，友達同士の関係性も深めたい。

2. 支援のポイント

子どもの活動参加をより豊かにするために，それぞれの子どもの持つ力や得意なところを活かして複数の役割を設定し，分担することが重要である。また，役割を交替しながらさまざまな役割を経験し，一連の流れを理解できるようになることも重要である。

3. 指導上の留意点

子ども1人ひとりの目標に応じて，さまざまな活動の展開をねらいたい。例えば金銭管理の目標がある子どもには，購入したレシートを活用して，出納帳を作成する活動も設定できる。

〔若井広太郎〕

A. スクリプト集（暮らす）②

友達と外食をする

♣スクリプト名 ―「みんなで外に食べに行こう」

> 課題：友達と一緒に外食の計画をたてる。計画に沿って実行して，その結果を振り返る。
> 役割：子ども4人で1グループ。
>
> 場面1：導入（計画をたてよう）―〔設定〕
> 1）外食の目的について考える。
> *2）ワークシートを使って，外食の計画を立てる。
> 場面2：展開（外食に行こう）―〔実行〕
> *3）持ち物の確認をして，レストランまで移動する。
> *4）メニューで食べたい物を選ぶ。
> *5）ルールやマナーを守って食事をする。
> *6）お金を払って
> 場面3：まとめ（振り返ろう）―〔確認〕
> *1）ワークシートを使って，振り返りをする。
> 2）話し合いをして，外食にでかけたことをまとめる。
>
> （*は支援目標）

1. スクリプト設定の理由

発達障害児は仲間と交流する際に，他者の意図，計画，感情を考慮せずに自己主張してしまいトラブルになる場合がある。仲間と計画について話し合い，折り合いをつけて合意形成するスキルは重要である。また，友達と外食にでかけることは，余暇の充実といった観点からも意義があると考える。

2. 支援のポイント

○「なぜ友達と外食するのか？」については，子どもからの意見を引き出した後に，教師が子どもの意見を引き合いに出し，外食には，仲間との交流の喜び，余暇の充実，情動調整（気分転換）などの意味があることを伝える。
○計画を立てる際には，個々の実態に合わせて支援ツールを提供する。例えば，行きたい店のイメージがもてない子どもには，インターネットなどを使って，店の概観や食べ物のメニュ

―写真を見せることでイメージをもちやすくさせる。
○ワークシートは，まず，一人ひとりで考えさせるために個別に記録させる。次に，グループで話し合いを行い，合意形成された意見を記録する。話し合いが進まない場合や合意形成ができない場合は，教師が参加して一緒に考えたり，まとめたりする。

3. 指導上の留意点

○「お金が足りなかった」，「食べ物をこぼしてしまった」などのアクシデントが生じた場合には，振り返り場面で，対処の方法についての話し合いを行うようにする。
○子どもの実態に合わせて，学校から地域社会へと活動が広がるようにスモールステップで支援を展開する。例えば，①学校の中での外食（例レストラン）のシミュレーション，②教師の付き添う友達との外食，③親の付き添う友達との外食といった順に発展させる。

〔吉井勘人〕

ワークシート「学校の外で食事をしよう！」

外食する目的	自分で考えたこと	グループの話し合いで決まったこと	振り返り
どこに行きますか？	・ ・ ・	・ ・ ・	・ ・ ・
何を持っていきますか？	・ ・ ・	・ ・ ・	・ ・ ・
食事の時のルールやマナーは？	・ ・ ・	・ ・ ・	・ ・ ・
食べ終えたら何をしますか？	・ ・ ・	・ ・ ・	・ ・ ・
その他　気をつけること	・ ・ ・	・ ・ ・	・ ・ ・

振り返りの仕方：◎とてもよくできた　○できた　△うまくいかなかった＋今後気をつけること

A. スクリプト集〔暮らす〕③

地域サービスの利用の仕方を知るスクリプト

♣スクリプト名 ―「地域サービスの利用の仕方を知ろう」

課題：自分1人でできること，できないこと，どういった支援が必要かを考える。
　　　相談方法を身につける。
役割：指導者，補助指導者，対象児。
教材：市区町村発行の福祉サービスに関するパンフレット。

場面1：導入―〔設定〕
　1) 日常生活で「自分1人でできること」「難しいが，がんばれば1人でできること」
　　「1人ではできないこと（むずかしいこと）」をまとめる。
＊2)「難しいが，がんばれば1人でできること」「1人ではできないこと（むずかしいこと）」
　　に対してどうしたいのか，どうして欲しいのかを考える。
＊3) 市区町村が発行しているパンフレットを参考に，困ったときに相談する窓口を探す。
場面2：相談スクリプト―〔実行〕
　指導者：今日はどういったご用件ですか。
　対象児：相談したいことがあります。
　指導者：どういうことで相談したいのですか。
＊対象児：「〇〇」について困っています。
　指導者：「〇〇」のどういったことで困っていますか。
＊対象児：「□□」です。「△△」したいのですが，どうすればいいですか。
　指導者：「△△」したいのですね。こういう方法がありますよ。
場面3：まとめ―〔確認〕
　1) 自分が相談したいこと，また相談したいことに対してどうして欲しいのかを伝えら
　　れたか確認する。

（＊は支援目標）

1．スクリプト設定の理由

　地域サービスを利用し社会生活を豊かにしていくことは非常に重要であるが，地域サービスの全てを把握することは難しい。そこで相談支援の利用方法を知り，具体的に自分が困っていることとそれに対する自分の希望を伝えることで，適切なサービスを案内してもらうスキルを

身につけることを目的とした。一方で障害の程度が重く単独でのサービス利用の想定が難しい対象に対しても移行支援ツールとしてサポートブック作成の基本となるように設定した。

2. 支援のポイント

導入の段階でワークシートを活用する。

相談スクリプトではワークシートを基に必要に応じてメモを用意し，確認しながら行う。

3. 指導上の留意点

導入時に「できないこと」ばかりに目を向けて自己効力感を下げないように「1人でできること」にも注目する。また「できないこと」に対してもどう手伝ってもらえばできるようになるのかまで考えることが重要である。

1人では思いつかない場合は，身近な日常生活での例を挙げていき，「ひとりでできる」とはどういうことなのか確認する。例えば「着替え」「食事」「身支度」など文字の理解が難しい場合には，その行動にあったイラストカードを利用しワークシートに貼るような工夫も考えられる。

〔森澤亮介〕

ワークシート「ひとりでできること を 考えてみよう」

ひとりで できること	てつだって もらえれば ひとりで できること	ひとりでは むずかしいこと
例） 着替え 荷物整理	例） 買い物	例） 公共交通機関の利用

A. スクリプト集〔つながる〕①

誠生日を祝う会を企画する

♣スクリプト名 ―「誕生日を祝う会」

課題：誕生日を祝う会を企画して，楽しむ。
　　　①クラスの児童が楽しめるような誕生日を祝う会を企画する。
　　　②企画者は，自分の役割を行う。
　　＊③企画者は，お祝いの言葉の中で誕生者の素敵なところをみつけ言葉にする。
　　＊④招待者は，お礼の言葉の中で自分の生い立ちやこらからの抱負を言葉にする。
役割：司会進行，アシスタント，企画者（児童全員），招待者（誕生者）。
教材：招待状，装飾，誕生カード，ポータブル音源。

場面1：会場の準備―〔設定〕

企画者側：

1) 誕生を祝う会の計画を立てる。
   a) 教室装飾
   b) プログラム
   ＊c) お祝いの言葉を考える（誕生者のすてきなところを見つける）
2) 招待状を書いて，配る。
3) 会場を作る。
4) ゲームの準備をする。

招待者側：

＊1) 誕生日の挨拶を考える（生い立ちと抱負を考える）。
2) お礼の言葉を考える。

場面2：誕生日を祝う会の進行―〔実行〕

企画者側：

1) プログラムを進める。
2) 誕生者を紹介する。
3) お祝いの言葉を述べる。

招待者側：

＊1) 誕生日の挨拶をする。
2) お礼の言葉をいう。

共通：
　1) 歌やゲームを楽しむ。
場面3：片づけと振り返り―〔確認〕
　1) 誕生会を祝う会を閉会する。
　2) 会場を片づける。
　3) 誕生者へのお祝いの言葉（誕生者のすてきなところ）をカードに記述して提示する。
　4) 誕生者の挨拶（生い立ちと抱負）をカードに記述して掲示する。

(＊は支援目標)

1. スクリプト設定の理由

　友達のよいところを見つけて尊重したり，互いに認め合ったりする姿勢を育てることはとても大切なことである。

　そこで，本スクリプトでは，友達の素敵なところを見つけて言葉にすることで誕生者へのお祝いの言葉にすること，また誕生者は，自分の生い立ちを語り，今後の抱負を言葉にすることで自己表現することを目標にしたスクリプトを設定した。

　学校では，特別活動のホームルームの時間を使って誕生者を祝う会を行いやすいため，毎月行うスクリプトとして設定した。

2. 支援のポイント

〈友達の素敵なところを見つける〉

　このスクリプトでは，毎月，誕生者が得意とすることや素敵だと思うことを企画者が出し合うことで，互いを認め合う経験をすることを目指す。したがって，ネガティブな評価がでないように積極的に誕生者のよいところを発表し合う。

〈自分の生い立ちや抱負を語る〉

　自分が小さい時のうれしかったこと，辛かったこと，今後の抱負について整理して語ることは，難しいことであるが，友達の発表を通して自己を語るスキルを学び，人前で発表することによる自信が育つことを目指す。発表者へは，快く賞賛することでポジティブな評価を行うように配慮する。

〈表現したことをカードに記述し掲示する〉

　友達同士で発表し合ったことは，カードに書いて掲示し，誰もが読めるようにする。友達が自分に送ってくれた言葉を繰り返し読み返すことで，自分を肯定的に捉える気持ちが育つように促す。

〔中村　晋〕

A. スクリプト集〔つながる〕②

"分け合う"行動のスクリプト

♣スクリプト名 −「飲み物を分け合う（お茶の編）」

課題：ペットボトルの飲み物を人数に合わせて均等に注いで配る。
役割：子ども，数名の友達と大人。
教材（道具）：ペットボトルのお茶，紙コップ数個，台ふきん。

場面1：〔設定〕
　1) 大人は，ペットボトルに入れたお茶，人数分の紙コップ，台ふきんを用意しておく。
　2) 大人は，「お茶にしましょう。みんな席についてください。○○くんにお茶を注いでもらいたいと思います。○○くん，よろしくお願いします」と言う。

場面2（タイプ1：手前で注いでコップごと配るバージョン）―〔実行〕
　1) みんなで席につく。
　2) ○○くんが紙コップを人数分，自分の手元に並べる。
　3) ペットボトルのお茶を持ち，キャップを開ける。
　4) 紙コップに7分目程度ずつ均等に注ぐ。
＊5) 紙コップに注いだお茶を年長の他者の順に，「どうぞ」と言って配る。
＊6) 配り終えたら，全員で「いただきます」と言って，飲食する。

場面2'（タイプ2：コップを人の前においてから手を伸ばして注ぐバージョン）―〔実行〕
　1) みんなで席につく。
＊2) ○○くんが紙コップを参加者の前に1つずつ「どうぞ」と言って並べる。
　3) ペットボトルのお茶を持ち，キャップを開ける。
　4) 年長の他者の順に，紙コップに7分目程度ずつ均等に注ぐ。
＊5) 注ぎ終えたら，全員で「いただきます」と言って，飲食する。

場面3：〔確認〕
　1) 全員が飲食を終えるまで待ち，全員が終えたことを確認する。
＊2) 全員で「ごちそうさまでした」と言う。
　3) ○○くんは，紙コップを集めてゴミ箱に捨て，テーブルを台ふきんで拭き，台所に運ぶ。

（＊は支援目標）

♣ スクリプト名 ー「お弁当を配り,飲み物を分け合う(お弁当とお茶の編)」

> 課題:お弁当を配るとともにペットボトルの飲み物を人数に合わせて均等に注いで配る。
> 役割:子ども,数名の友達と大人。
> 教材(道具):お弁当人数分,ペットボトルのお茶,紙コップ人数分,台ふきん。

場面1:(設定)
1) 大人は,人数分のお弁当,ペットボトルに入れたお茶,人数分の紙コップ,台ふきんを用意しておく。
2) 大人は,「お昼にしましょう。みんな席についてください。○○くんにお弁当とお茶を分けてもらいたいと思います。○○くん,よろしくお願いします」と言う。

場面2:(実行)
1) みんなで席につく。
*2) ○○くんがお弁当を「どうぞ」と言って人数分並べる。
3) ○○くんが紙コップを人数分,自分の手元に並べる。
4) ペットボトルのお茶を持ち,キャップを開けて紙コップに7分目程度ずつ均等に注ぐ。
*5) 紙コップに注いだお茶を年長の他者の順に,「どうぞ」と言って配る。
*6) 配り終えたら,全員で「いただきます」と言って,飲食する。

場面3:確認
1) 全員が飲食を終えるまで待ち,全員が終えたことを確認する。
*2) 全員で「ごちそうさまでした」と言う。
3) ○○くんは,弁当の空き箱と紙コップを集めてゴミ箱に捨て,テーブルを台ふきんで拭き,台所に運ぶ。

(*は支援目標)

1.スクリプト設定の理由

　他者自身にも欲求があることに気づかない子どもは,自分のみに利益が及ぶ行動を選択し,物品をメンバーの人数に応じて分けたり配ったりすることに困難を示すことが多い。このスクリプトは,他者に食物や飲物を分配する行動を子どもに繰り返し経験させ,他者を優先する習慣を身につけさせることを目的に作成した。また,他者の中にも年長・年少,他人・身内等の格差があり,それに応じて優先順位を対応させることに気づくように方向づけた。

2.支援のポイント

　このスクリプトのポイントは,自分よりも他者を優先して分配する行動を身につけさせるこ

とである。したがって，弁当の置き方や飲物の注ぎ方に多少拙劣なところがあっても共同行為の流れを停滞させないことが重要である。

3．指導上の留意点

　支援のポイントで述べたように，このスクリプトでは弁当の置き方・お茶の注ぎ方スキルよりも分配行動を重視している。したがって，均等に切り分けや注ぎ分けをすることが容易になるように，必要に応じて，弁当のどちら側を手前に置くかを教えたり，紙コップに目盛りをつけておいたり，他者の格付けを前もって教えておいたりして，認知的な負担を軽減するように工夫してもよい。自分の分だけ準備して食べ始めようとしたり，格付けを無視して分配しようとしたり，分配が全部終わる前に食べ始めようとしたりした場合は，間髪を入れず，「次は誰に配るんだっけ？」とプロンプトをすることが重要である。それでも標的行動が生起しないときは，「○○さんですね」と言いながら手差しを行って教示してもよい。分配行動に慣れるにつれて，不完全ながらも自分で考えながら分配しているように見受けられる段階に至ることがある。この段階で「次は誰に配るのか」を考えて自発的行動を表出するためのプロンプトとして，時間遅延法を活用することが可能になる。

　格付けといった言葉に戸惑う読者もおられることと思われるが，年齢，役職，役割（サービス提供者と客等），親しさ（他人か友人か身内か等）などの異なりは存在しており，それに応じて暗黙の了解のように優先順位を決めながら行動することが，日本の文化にスムーズに適応するためには好むと好まざるとにかかわらず必要とされる現実がある。

　この課題は，1人の子どもの固定的役割にならないよう，当番制を活用するなどの平等性を維持するための工夫が必要である。また，分け合い，分配した飲食物を摂取することが強化刺激となると考えられることから，その効果を高めるためにも，皆とともに楽しい雰囲気の中で飲食できるよう配慮することも重要である。

　分け合う行動は利他的行動の1つとも考えられる。このような行動は，他者に対する愛情や共感性や公的自己意識（集団の中で自分はどう見られているかを気にかける意識）に大きな影響を受けて表出される可能性が高い。しかし，だからといって，愛情や共感性や公的自己意識の育ちを無為に待っていては，いつまでたっても利他的行動が生起せず，ますます自己中心的な社会不適応を余儀なくされてしまうリスクが生じると考えられる。そこで，利他的行動の主要な候補としての分け合う行動を，スクリプトの考え方に基づいて指導し，習得に導けば，多くの利他的諸行動の習得の端緒とすることができ，そのようなリスクを最小限にすることも可能となるのではないかと考える。

〔佐竹真次〕

A. スクリプト集〔つながる〕③

相手を助けたり，励ましたりする

♣スクリプト名 －「かくし　しりとりをしよう」

課題：グループごとに相談してヒントを出し合い，一定の時間にたくさんの語をしりとりでつなげる。
役割：指導者，チームA（2人），チームB（2人）。
教材：しりとり記録用紙（2枚），ついたて，筆記用具，タイムタイマー。

場面1：〔設定〕
　1）ペアの作り方を相談し，2人組を作る。
　2）記録用紙に日付や名前を書く。ペアのチーム名を考えてもよい。
　3）「かくし　しりとり」のルールを確認する。
　4）タイムタイマーで10分を設定して，始める。

場面2：〔実行〕
　1）指導者が最初の文字を決める。
　2）チームAがその文字で始まることばを相談して決め，書く。
　3）チームAのそれぞれがヒントを考えて出す。
　4）チームBは相談してAが書いたと思われることばを相談して書く。
　5）分からないときは，質問して確認する。
　6）チームBが次のことばを相談して書く。
　7）上記の活動を時間まで繰り返す。

場面3：〔確認〕
　1）すべてのことばが同じか確認し，つながったことばの数を数える。
　2）グループ内で上手くできたこと等の確認をし，全体で共有する。

1．スクリプト設定の理由

　友だちに対して適切に援助行動を行うためには，友だちの知識等を考慮しながら，自分の意図が正しく伝わるよう表現する必要がある。その基礎として，相手が目にしていないことばをヒントを出して伝える活動として「かくし　しりとり」を取り上げた。
　このスクリプトでは，いくつかのやりとり場面が想定できる。1つはペアになった2人で相談してヒントを考えたりことばを考えたりすることである。自分の思いつきを話すだけでなく，

互いの意見を比較しながら1つのことばを決めていくことになる。その中では，時には自分の意見を取り下げる事態も出てくると考えられる。また，ペアの友だちにだけ聞こえ，ついたての反対側にいる友だちに聞こえないよう声の大きさを調整するといった会話のスキルも必要になる。

　もう1つは，友だちのヒントからことばを考えることである。友だちのイメージしていることを想像すること，また必要に応じて質問して確認するなどのやりとり場面がある。ヒントを出す側も，自分流のものの見方だけでなく，より一般的な見方をすることが求められる。

　このようないくつものやりとりを通じて，相手を援助するために必要なスキルを身につけることができると考えた。

　また，友だちとの共同行為の結果としてたくさんのことばが伝わったことを確認し，成功体験を共有することで，人とのつながりをポジティブにとらえることにつながると考え，このスクリプトを設定した。

2. 支援のポイント

　どのようなペアを作るかということが重要なポイントになる。学年だけでなく，認知的な力やことばの操作の力がある程度同じくらいの発達レベルであることが活動を促進すると考えられる。

　子どもたちが活動に慣れるまでは，指導者が積極的に介入して助言することが必要になる場合もある。相手が正解すると自分が負けのように考え，「相手に分かりやすくヒントを出す」のではなく意図的に相手に分かりにくいヒントを出そうとする子どもも多い。4人で協力してたくさんのことばをつなげるという，この活動のめあてを繰り返し伝えていくことが大切である。そのためにも確認場面での成功体験の共有を図ることが重要である。4人ともが「ああ，楽しかった」と思えるような活動になるよう，意識して支援したい。

3. 指導上の留意点

①指導者も含めた5人が親和的な関係を作っておくことが基盤となる。他の活動も含め，「みんなで楽しい時間を過ごす」ことを意識できるよう，声かけや掲示などで働きかける。

②特に相談活動が進まないことが予想されるペアの場合，具体的な行動として「○○くんに話してごらん」等，やりとりを促進するような支援をする。

③4人の小グループが適当な人数だと思われるが，それ以外の人数でも実施できる。ただ，人数が多くなると傍観的に見ているだけの子どもが出てくることがある。リーダーの役割を交替で担うなど，全員が参加できるような配慮が必要になる。

〔亀田良一〕

A. スクリプト集〔つながる〕④

ボランティア活動をする（他者の安全に配慮した支援）

♣スクリプト名 －「トラスト・ウォーク」

課題：視覚障害のある人の立場に立って，目的地まで誘導する。
役割：指導者，子どもＡ，子どもＢ。
教材（道具）：アイマスク。

場面１：誘導の依頼―〔設定〕
 1) 指導者が，子どもＡと子どもＢに，基本的な誘導の仕方について説明をする。
 2) 指導者が，子どもＡに，教室（２階）から理科室（４階）まで子どもＢを誘導するように依頼する。

場面２：教室から理科室まで誘導―〔実行１〕
   （指導者は，子どもＡと子どもＢの行動を観察し，危険な場面では適宜助言を与える）
 1) 子どもＡが，（アイマスクをつけた）子どもＢに，「お手伝いしましょうか？」と尋ねる。
 2) 子どもＢは，「理科室までお願いします」と答える。
 3) 子どもＡが，子どもＢの左手を取って，子どもＡの右の二の腕につかまるように求める。
 4) 教室を出るときに，子どもＡは，子どもＢに，左右どちらの方向に進むかを伝える。
 5) 廊下を歩きながら，子どもＡは，子どもＢに，今どのあたりを歩いているかを説明する。
 6) 階段の手前に来たら，子どもＡは，子どもＢに，これから階段を昇ることを伝え，立ち止まる。
 7) （４階までの）階段を昇りきる直前に，子どもＡは，子どもＢに，階段が終わることを伝える。
 8) 階段を昇りきったら，子どもＡは，子どもＢに，左右どちらの方向に進むかを伝える。
 9) 廊下を歩きながら，子どもＡは，子どもＢに，今どのあたりを歩いているかを説明する。
10) 理科室の前まで来たら，子どもＡは，子どもＢに，理科室に入ることを伝える。
11) 理科室に入ったら，子どもＡは，子どもＢに，机やいすの配置を説明しながら，子どもＢの席まで案内する。
12) 子どもＢは，自分の席に着いたら，子どもＡに礼を言う。

場面3：理科室から教室まで誘導—〔実行2〕
　理科の授業終了後，場面2とは逆の順序で，子どもAは，子どもBを教室に誘導する。
場面4：まとめ—〔確認〕
　1) 子どもBが，子どもAに誘導されて，どのように感じたかを話す。
　2) 子どもAが，子どもBを誘導して，どのように感じたかを話す。
　3) 指導者が，子どもA・Bの行動を観察して，よかった点と改善すべき点について説明する。

1．スクリプト設定の理由

　高機能自閉症・アスペルガー障害・ADHDの子どもたちは，相手の立場に立った言動をとることが苦手である場合が多い。そこで，本スクリプトでは，視覚障害のある人を目的地まで誘導する際のスキルを習得させる。このことを通して，相手の立場に立った対応ができるようになることを促していく。

2．支援のポイント

　誘導者と被誘導者が役割を交代することによって，適切な歩く速さ，誘導の仕方，声のかけ方等を実感することができる。

3．指導上の留意点

①被誘導者はいつでも目を開けられるほうが安心感があるため，最初のうちは目を閉じるだけにして，アイマスクを用いないほうがよい。
②階段や段差等では，危険がないように十分に配慮する。
③安全に誘導できるようになってきたら，目的地を校舎内外のさまざまな場所に設定する。
④前述したように，高機能自閉症・アスペルガー障害・ADHDの子どもたちにとっては，必要な課題の1つであると考えられる。

〔関戸英紀〕

A. スクリプト集〔はたらく〕①

やりたい仕事を探す

♣スクリプト名 －「現場実習にむけて」

課題：やりたい仕事を探すことで仕事に対する動機づけを高める。
　　　どのような仕事でも活かせる態度を身につける。
役割：指導者，子ども。

場面1：導入―〔設定〕
　1) 働くとはどういうことなのかを知る。
＊2) 自分の興味，関心，体験から仕事に関して調べてみる。(インターネット，書籍を利用する)
　3) 現場実習での体験・決まりごとを学習する。
　4) 実習先での仕事内容・ルールを確認する。
＊5) 現場実習での目標を考える。
場面2：現場実習―〔実行〕
　1) 実習先で仕事を行う。
　2) 指導された点はすぐにメモ帳に記入する。
　3) 日々の仕事を通して頑張った点を具体的に実習ノートに記入する。
場面3：まとめ―〔確認〕
＊1) 実習を通して自分がやりたい仕事でも活かせることは何かを考える。
＊2) 反省会を通して日々の学校生活でさらに伸ばしていく所や気をつける所を考える。
　　　　　　　　　　　　　　　　　　　　　　　　　　　　　（＊は支援目標）

1. スクリプト設定の理由

　仕事をする（働く）ということは「自立」「社会参加」に向けて必要なことであることを知る。しかし学校生活と社会に出ての生活では時間の設定やモチベーションなどが大きく変わることがある。やりたい仕事につくことがよいのか，あくまで趣味として続けていくのか，また将来必ずしもやりたい仕事につけるとは限らない。やりたい仕事を探し現場実習等でその一端に触れるなかで，将来どのような仕事についても活かせる基本的な技能や態度を身につけることを促していく。

2. 支援のポイント

自分がやりたい仕事を探すことを通して、やりたい仕事に必要な力と実習等で必要な力の共通点を見つけられるようにし、働くことに対するモチベーションを高めていくことが必要である。また実際の働くという体験を通して、指導された点を明確にし、今後の生活に活かしていけるような振り返りをする時間が必要である。

3. 指導上の留意点

興味関心を引き出すために、まずはどんな仕事があるか、身近な人がどんな仕事についているか、自分がどんな仕事をしたいかといったことを調べることを導入とする。

働くことは「自立」と「社会参加」の意味合いが含まれていることを知る。これらには「金銭の利用」「余暇」などとも関連があるため、場合によっては別の単元で学習を進めていくとよい。

実習後のまとめでは指導されたことを具体的に記述し、これからの学校生活での目標を関連づけて考えられるようなワークシートを用いて指導する。

また実習先が生活介護施設等の場合は、実習の様子を写真や動画等で振り返りながら、よくできた点頑張った点を中心に振り返る。

〔森澤亮介〕

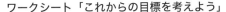

ワークシート「これからの目標を考えよう」

よくできたこと	気を付けること (指導されたこと)	これからの目標
例) あいさつ	例) 返事 製品をていねいに扱う	例) 目上の人に対する言葉づかいを覚える 作業学習で作品を決められた場所に置く 道具を整理し決められた場所に返却する

A． スクリプト集〔はたらく〕②

支援を求める：「お願いします」と友達に頼むことができる

♣スクリプト名 －「紙のもようづくり」

課題：1人では難しい作業において，「お願いします」と，友達に頼む。
役割：指導者，子どもA，子どもB，（以下A，Bとする）。
教材：紙のもようづくり手順カード，トレイ，八つ切りサイズの和紙（または画用紙），水，マーブリング用インク，ストローまたは楊枝，作業台，テーブルクロス，紙ばさみ，エプロン，雑巾。

場面1：手順を説明する—〔設定〕
  1)「きれいなもようをつくりましょう」とよびかける。
  2) 指導者が「紙のもようづくり」の手順を絵カードで示す。
  3) エプロンを身につけ，力を合わせて作業場の準備をする。（テーブルクロスを敷き，トレイを並べ，水を入れる）

場面2：Aが，もようづくりをする—〔実行1〕
  1) Aはインクを2色選んで1〜3滴水にそっと垂らす。
  2) Aはストローでそっと水面を吹く。（自然にインクが動いて木目状になる）
    または楊枝で水面をなぞる。
 *3) AはBに「お願いします」と言い，BはAに「いいですよ」と言って，2人で紙の四すみを持つ。
  4) 向き合って同じ側から「1，2」と声をかけて，順番にそっと水面に紙をのせる。
  5) 2人で水面と平行にそっと紙を持ち上げ，模様を写した面を上に返す。
  6) 2人で一緒に紙を持ったまま，紙ばさみまで持って行き，そっとのせる。

場面3：Bが，もようづくりをする—〔実行2〕
 *1) BがAに「お願いします」と言い，AはBに「いいですよ」と言って，実行1と同じ作業を行う。

場面4：出来栄えを確かめ，後始末をする—〔確認〕
  1) 出来上がった模様を見合い，ＡＢが互いに，いいところを伝える。
  2) 用具を洗って元に戻し，テーブルを雑巾でふき，手を洗ってから，エプロンをはずしてたたむ。

（*は支援目標）

1. 支援のポイント

○「お願いします」がなかなか言い出せない場合は，次のプロンプトが順次与えられる。

　①子どもを5秒間注目する。
　②間接的な言語的手がかり（「何て言うのかな」）
　③直接的な言語手がかり（「おね……」）
　④モデルを示す。（指導者が「おねがいします」と言ってみせて，紙を持ってみせる）

○言葉が出にくい場合は，カードやサインによる支援の依頼としてもよい。

○複数の指導者で行う場合は，設定場面でモデルを示すと効果的である。

2. 指導上の留意点

○マーブリングでの模様づくりは，偶然できたインクの模様を紙に写し取るものである。子どもにとって，無理なく手軽に本格的なデザインが楽しめる。友達に助けてもらったり助けたりして，よい作品を仕上げることで成功体験を重ね，依頼することの良さを繰り返し体験できるようにしたい。

○ストローで強く吹きすぎると，縞模様ができなくなってしまう。息の調節が難しい場合は，楊枝で水面をなぞらせる方が成功体験が得やすい。

○作ったもので，何をするのか目的意識を持って意欲的に取り組めるようにする。手順表は，長期的な見通しをもつものと，本スクリプトのものとの2種類用意するとよい。活動の例としては，「バザーをして卒業遠足をする」「下級生やお世話になった人にプレゼントする」などが考えられる。

○振り返りでは，作品の出来栄えの評価の他に，依頼できたことや依頼されて応じることができたことを取り上げるようにして，意欲を高めたい。

○身支度でエプロンを身につけるときにも，「お願いします」の依頼が必要になる場面が考えられる。

○和紙の隅に色分けした数字を書いたり色シールを張ったりしてわかりやすくする。「1・2」という代りに「赤・白」などのかけ声の方が分かりやすい場合には，そのようにしてもよい。

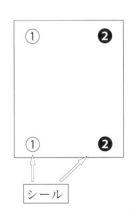

〔大槻美智子〕

A. スクリプト集〔はたらく〕③

報告や状況を説明する

♣ スクリプト名 －「おつかいぬりえ」

課題：離れた場所にある情報を相手に報告する。
役割：子ども（伝言する人・色をぬる人），支援者。
教材：ぬりえの見本，ぬりえ，色鉛筆。

場面1：課題の説明，役割（順番）決め―〔設定〕
　1）支援者は活動の手順，ルールを説明する。
　2）2人組を作り，役割（順番）を決める。
場面2：おつかいぬりえをする―〔実行〕
　1）支援者が活動の開始と終了時刻を伝える。
　2）「伝言する人」は別室に行き，ぬりえの見本を見る。
＊3）「伝言する人」は，ぬっている場所と色を覚える。
＊4）「伝言する人」は部屋に戻って，「色をぬる人」に場所とぬられていた色を報告する。
　5）「色をぬる人」は，聞いた内容に沿って色をぬる。
　6）「伝言する人」は，正しく伝わっているかどうか確認する。
　　2）～6）をすべてぬり終わるまで繰り返す。
　7）すべてぬり終わったら，支援者に完成したぬりえを提出する。
場面3：結果発表―〔確認〕
　1）支援者は見本と完成したぬりえを提示して，正誤の確認をする。
　2）子どもは，活動中の振り返りや感想を発表する。
　3）支援者は活動中のやり取りの様子について，評価をする。今後の課題ついて確認する。

（＊は支援目標）

---

1. 支援のポイント

○子どもの実態に合わせて，「絵の複雑さ」や「使用する色の数」などぬりえの難易度を変更する。
○教材を「ぬり絵」だけでなく，「はり絵」や「ぬる」「はる」両方を取り入れたものでも活動を行える。子どもの興味関心に応じてさまざまな教材を用いながら繰り返し活動を行えるよ

うにする。
○子どもの実態に合わせて，「1つの絵が完成するまで同じ役割」や「1回の移動ごとに『伝言する人』と『色をぬる人』を交代する」など役割交代の方法を変更する。
○報告する際のポイントとして，「○○（場所）の色は，□□（色）です」などわかりやすい報告の型を確認する。
○情報を記憶して報告することが難しい場合には，メモをして報告する方法を用いる。
○報告した内容が相手に正しく伝わっているかどうか，受け手（色をぬる人）の行動を確認することの大切さについて確認する。

2．指導上の留意点
○完成するまでの速さや正確さについての評価をすることも必要であるが，それよりも相手を意識した報告の仕方についての評価に重点を置く。
○評価に関しては，「情報を正しく伝えることができた」「相手に確認してから伝えることができた」などの内容を視覚的に提示しながら，自己評価や他者評価の両方の観点から振り返ることができるようにする。
○正しく報告したにもかかわらず，相手が正しく行動に移せない（正しく色をぬれない）場合，相手を責める場合が考えられる。このような場面で，相手を責めるのではなく相手に伝わるように自分の伝え方を変えていく姿勢の大切さについて確認する。
○将来「はたらく」ことを考えた際には，この課題の「報告」だけでなく，いわゆる「報・連・相（ほうれんそう）」の3つのスキルが身についていることが重要である。「連絡」「相談」についてもスクリプトを用いながら活動を通じて身につけていくことが望まれる。

〔川上賢祐〕

A. スクリプト集〔余暇を楽しむ〕①

余暇活動の計画を立て実行する（カラオケや映画など）

♣スクリプト名 ―「カラオケを楽しもう」

> 課題：計画を立てる。カラオケ店に行く。機器を操作する。歌を歌ったり聴いたりする。
>   参会者の会話に参加し発話した応答したりする。
> 役割：参加者，指導者。
> 材料：掲示物と個別のカード（活動の流れ，操作手順など），台本。

場面1：―〔設定〕
  1) 指導者：「今度の○月○日，映画がカラオケに行きたいと思います。どちらがいいですか」
  2) 子ども：「カラオケに行きたいです」
  3) 指導者：「それでは，計画を立てましょう」と言って，計画用紙を渡す。
  4) 子ども：計画用紙に，日時，カラオケ店，持参するお金，曲名などを書き込む。
  5) カラオケ店に出かける。

場面2：カラオケの準備をする―〔実行1〕
  1) 部屋に入り，好きな座席に座る。
  2) 歌をうたう順番を決め，その順番にメンバー登録をする。
  3) 今日使用するカラオケルームを決める。
  4) 今日歌う曲を選ぶ。

場面3：歌をうたう―〔実行2〕
  1) 「ありがとう」と言って，マイクとリモコンを受け取る。
  2) リモコンを操作して曲を登録する。
  3) マイクを持って歌をうたう。
  4) 「○○さんの番ですよ」と言う。
  5) 「はい，どうぞ」と言いながら，マイクとリモコンを次の人に渡す。
  6) 他の人の歌を聴き，「上手だね」「その歌いいね」などと言う。

場面4：まとめ―〔確認〕
  1) 「これで終わります」と言う。
  2) 片づけをする。
  3) 部屋を出る。
  4) 解散する。

以上の流れの中で，対象となる児童生徒の実態に応じて，場面1～4の各場面において支援目標を設定する。

1. スクリプト設定の理由
　カラオケ店は各地域にある貴重な地域社会への参加機会である。休日に自宅から地域に出ること自体がさまざまな可能性を生む。また，カラオケに含まれるスキル，例えば歌う，聴くなどは学校教育の中で繰り返し経験してきた大切なスキルである。これらのスキルを地域社会の中で般化させる絶好の機会となる。

2. 支援のポイント
○活動の流れを課題分析し，ルーティン化する。
○活動の流れを，掲示物やカードに明示する。子どもの実態に応じた形で説明する。
○課題分析表によりアセスメントし，子どもの支援目標を特定する。
　（漫然とした指導としない。）
○ PDCAサイクル（plan-do-check-act cycle）で指導支援を見直す。

3. 指導上の留意点
○室内で練習をした後に，実際のカラオケ店に行く。
○必要な行動の遂行を促すために手がかりとなる写真カードなどを適宜用意する。
○家族，兄弟，グループなどで週末などにカラオケ店に行くことで，対象となる児童生徒の行動レパートリーとして定着し，生活の質を高めることにつながる。周囲の理解や協力といった支援的な環境を整える。

〔宮﨑　眞〕

A. スクリプト集〔余暇を楽しむ〕②

旅行（ハイキング）の計画を立て実行する

♣スクリプト名 ―「○○公園に行こう」

課題：旅行を計画し，実行するために必要ないくつかのスキルを身につける。
役割：指導者，補助指導者，子どもA，子どもB。
教材：ガイドブック・時刻表・パソコン・テレフォンカード・カメラ 等。

場面1：計画―〔設定〕
1) 目的地を決める（必要に応じてガイドブックやパンフレットを参考にする）。
2) 学校からの行き方を知る。
3) 電車の時間を決める。
　①学校から駅までの道順を知り，実際に歩いて必要な時間を計る。
　②駅の時刻表で出発時間を調べ，乗る電車の時間と学校を出発する時間を決める。
4) 電車の運賃を調べる。（電話で・パソコン等で）
5) 約束を考える。
6) 公園での行動計画を立てる。

場面2：旅行―〔実行〕
1) 出発することを告げる。―「○○公園に行ってきます！」
2) 切符を買う。

　①窓口に行く。　　　　　　　　　　　　　①自動販売機に必要なお金を入れる。
　②「○○駅まで，子ども一枚下さい」　　　②「子ども」ボタンをおす。
　③お金を渡して，切符とおつりを受け取る。　③行く先までの金額のボタンを押す。
　　　　　　　　　　　　　　　　　　　　　④切符（おつり）を取る。

3) 電車の中のマナーを守る。
4) 公園に着く。
5) 事前の計画に沿って遊ぶ。
6) お昼を食べる。（暮らす②／「友達と外食する」参照）
7) 公衆電話で電話をする（家に・学校に）。
　①公衆電話を探す。
　②受話器を上げる。
　③テレフォンカードを正しく入れる。
　④発信音を確かめ，メモを見ながらダイヤルをする。

⑤「もしもし，○○小学校ですか？ ○年の○○です」
⑥相手の質問に答えながら会話を続ける。
⑦帰る予定時刻等必要なことを告げる。
― 「○時○分に○○駅に着くので迎えに来てください」
⑧受話器を置いて，テレフォンカードを取る。
8) 時計を見ながら，帰る時間になったら帰る支度をする。
9) 電車に乗って帰る。
＊子どもの実態に応じて，おみやげを買ったり小遣い帳をつけたりする。

場面3：確認
1) 帰ってきたことを報告する。―「○○公園に行ってきました！」
2) マナーや約束の確認をする。
3) 友だちの写真を注文したり，自分の写真をプリントアウトして配ったりする。

1．スクリプト設定の理由

校外学習は子どもたちにとってとても興味ある活動である。一連の活動をスクリプト化し，計画の段階から子どもたちが主体的にかかわることができるようにすることで，旅行を計画し実行するために必要な様々なスキルを身につけることができると考えた。同時に，レストランで食事をする，電話をかける，写真を撮る等様々なスキルについて指導することもできると考え，このスクリプトを設定した。

2．支援のポイント

たくさんの指導場面が考えられるが，それぞれの場面での子どもの実態と課題・具体的な支援の方法を事前に確認しておく。子どもの実態によっては，目的地を決めることや，写真を撮ったり注文したりすることもスクリプト化して指導することができる。

旅行当日は子どもたちが楽しく，安全に行動できるよう配慮しながら，それぞれの課題に向けた必要な支援をする。

3．指導上の留意点

①可能な場面は教室で何度かシュミレーションをし，必要なスクリプトを身につけてから出かけると有効である。
②一定の期間に集中していろいろな所に行くことで活動をルーティン化することができる。また，1年に一度大きな行事として取り上げ，何年間か繰り返すこともできる。

〔亀田良一〕

B. 実践研究（事例）：1

震災被災者支援プロモーション：
避難者支援における才能活用プロモーション・スクリプト

1. はじめに

あるアーティストの母親が，あるときこう言った。「この子が一生のうちで1回だけでもええから，パーッと打ち上げ花火みたいに輝いてくれる。それだけでええんです。それで消えてもええんですわ」。そのアーティストが通うある障害者アトリエの存在が，一定の生活基盤を福祉によって確保しつつ，才能を開花させたアーティストを世界の市場で勝負するまでに育てている。その創設者は，オリジナルな才能は教育と競争だけでは生まれない。障害者の多くは型にはめられるような教育を受け，健常者の指示をよく聞くよう躾けられてきた。下手に指示を与えればオリジナリティのない指示待ち人間になってしまうし，競争だけが強調されたら伸びる芽はすべて摘まれてしまう，と語る［松井，2014］。

一方，俳句をつくり始めたことでいじめに耐え抜き，支援者との「かけ合い俳句」と俳句の出版によって人生を充実させている障害をもつ少年についても報告されている［日野原，2014］。

発達障害をもつ人の中にユニークな才能を見出すことはしばしばある。しかし，どのような才能も他者との関係の中で生じ，他者からの承認を受けることで，本当の意味で見出されたことになるのではないかと考えられる。才能が他者から承認されるには，それを促進するプロモーターとプロモーション・スクリプトが欠かせない。そして，そのプロモーション・スクリプトの活用の成果として，当事者の行うコミュニケーションのレベルアップも実現するものと考える。

本章では，避難者支援という場面で活用されたプロモーション・スクリプトの一例を示し，その効果について検討する。

2. 方法

1）対象者

自閉スペクトラム症（ASD）がありWISC-ⅢのFIQが80である中学2年生A子。アニメの人物画と猫画を描くことを趣味としていた（図1）。ある日，筆者は「私の顔をペルシャ猫の顔として描いてみてください」と頼んでみた。A子は微笑を浮かべながらA4サイズの用紙

にサインペンでサラサラと5分もかけずに描いた。それは筆者にそっくりの猫だった（図2）。今後猫好きの人を描けばたまらないプレゼントになると思われた。

2）手続き

2012年12月に、原発事故被災地からの避難者のクリスマス会の主催者であった筆者の知人に、A子の才能について話してみた。知人はA子の似顔絵作家としての才能に期待し、参加協力依頼を出してくれた。

A子は、他者の意図を読むことが不得意で、他者の声や音に対して過敏であることから、これまでほとんどの対人的場面を避け続けてきた。また、紫外線アレルギーもあり、フードのついた長めのパーカーを着て登下校することから、その姿を他児からからかわれることもたびたびあり、対人不安も表明していた。A子がかかわれる人は家族と担任と主治医と筆者のような外部の専門家ぐらいであったが、そのように心許せる人たちとかかわり、認めてもらいたいという希望はもっていた。そのような対人関係にとどまる状態ではあったが、A子はこの知人の依頼を承諾した。

図1　A子が描いていた人物画と猫画

図2　元の写真（左）とA子が猫に見立てて描いた人物似顔絵（右）

3) スクリプト

表1に示す似顔絵の趣味を活用した避難者支援プロモーション・スクリプトを作成し，使用した。

表1 似顔絵の趣味を活用した避難者支援プロモーション・スクリプト

```
設定：ブースのテーブルに紙，ペン，クリアファイル，猫図鑑を準備する。
     （ボランティアの案内係が希望者を誘導してくる。）
実行：「ここにお座りください」*
     （希望者が着席する）
     猫図鑑を開く
     「この中のどれがいいですか？」*
     （希望者「これがいいです」）
     「はい，わかりました」*
     ペンを持って紙に描く。
確認：「お名前をお願いします」*
     （希望者が名前を言う）
     名前を聞いて書く。絵をクリアファイルに挟む。
     「完成です。どうぞ」*
     絵を渡す
     （希望者「ありがとうございます」）
                     *はA子の標的反応，（　）内は他者の反応
```

3. 結果

当日の会場にはさまざまなアトラクションやブース（ダンスショー，体操教室，冬服替えっこマーケット，キッズスペース，クリスマスカード作りコーナー，マッサージコーナー，カレーコーナー，ポップコーンコーナー，巨大迷路，読み聞かせコーナー，スライム作りコーナー，食品放射能測定コーナー，普通似顔絵コーナー，猫似顔絵コーナーなど）が設けられたが，A子の猫似顔絵コーナーには20組ほどの親子が訪れ，行列ができた。A子はお客さんたちにスクリプトに基づいて自発的に語りかけ，答えに相槌を打った。お客さんたちは「素晴らしい記念になる」と言って喜んだ。

台本的にある程度決まっている台詞であるとはいえ，人前で会話しながら作品を描き，こんなに生き生きとした表情を見せる娘を見たのは初めてだと，母親は語った。その後も翌年の避難者クリスマス会や避難者支援カフェなどの催しに誘われるたびに決して消極的にならず，積極的に参加するようになった。

4. 考察

　A子の知的能力は境界領域ではあるが，対人場面に対する逃避傾向があり，他者と世間話的なコミュニケーションをすることはなかった。しかし，自分のできる範囲で人とかかわりたい，認めてもらいたいという希望はもっていた。そのようなA子と他者との間に何らかの媒介があれば，両者はつながりやすくなるとも考えられた。

　他者にアピールできそうなA子の才能を発見できたことは偶然のようであったが，それを明確化し媒介に仕立ててコミュニケーションを成り立たせる方法として，その才能を活用する具体的場面のアレンジとスクリプトの導入を行った。避難者家族の方々にはA子の猫似顔絵というユーモア作品のプレゼントに不安な日常を忘れ，驚きと喜びのひと時を過ごしていただくことができたことを，会場の様子と主催者からのコメントによりうかがい知ることができた。

　その場面に支えられる形でスクリプトの習得は容易に進み，当日の活動もスムーズに進行した。これがA子にとって自分の絵を公に認められた最初の機会となったが，これをきっかけに他者のために絵を描く機会が増えるとともに，描く自信が高まったことが，A子の表情の明るさや言動からうかがわれた。

　スクリプトは，それのみでなく，関係する場面や文脈に支えられて成り立つとされるが，その設定が的を射た形でなされれば，スクリプトは有効に機能すると考えられた。

〔佐竹真次〕

〔文　献〕

日野原重明（2014）若き俳人との「かけ合い」．朝日新聞，2014.5.10.
松井彰彦（2014）知的障害者ではなく芸術家．朝日新聞，2014.4.10.

B. 実践研究（事例）：2

誤った認知を改善するためのスクリプト

1. はじめに

　怒りや嫉妬といった負の感情の表出は，適切な対人関係の維持を妨げることが多い。冷静に過ごしている間の一般の人が怒りや嫉妬を言語化・行動化しないでいられる理由は何であろうか。その理由としては，たとえば次のようなものが挙げられよう。「不愉快な事態に直面してはいるが，現状は必ずしも自分が他者より不利とは言い切れない」「自分にとって不利な事態ではあるが，自分の能力程度や欠点に気づくことができている」「他者の欠点に気づいて言いたくなっても，言いたい欲求を我慢できる」「怒りや嫉妬に関する言動を表出してしまった後に何が起こるかが想像できる」「不愉快・不利な現状に直面してはいるが，自分にとっての最終利益が何かを想像できる」。

　一方，従来アスペルガー障害といわれた知的な遅れのない自閉スペクトラム症などの人が怒りや嫉妬を言語化・行動化しやすい理由は何であろうか。それには次のようなことが考えられる。「不愉快な事態に直面すると，自分が他者より不利であると思い込む」「自分が不利な状態を生み出した際，それに関連する自分の能力程度や欠点に気づくことができない」「他者の欠点に気づくと，後先かまわず指摘してしまう」「怒りや嫉妬に関する言動を表出してしまった後に何が起こるかが想像できない（事後に後悔することはあるが）」「不愉快・不利な状況に直面すると，自分にとっての最終利益が何かを想像できなくなってしまう（冷静なときは理解できるが）」。

　自閉スペクトラム症の人のこのような認知的特徴を調整することができれば，怒りや嫉妬を感じたときに，その表出を保留にしたり信頼できる他者に相談したりして，悪い結果を避けベターな結果を得ることがしやすくなるのではないかと考える。ところで，その認知的特徴を調整するためには，自分のスキーマと自動思考に気づき適切な考えを探って練習を繰り返す認知行動療法［大野，2003，2010］などが有力な方法と考えられる。しかし，それらは心理的に比較的深いレベルでの情報を扱っており，かなりの熟練と洞察力を必要とする。一方，スクリプトを利用する方法では，台本のセリフのレベルでの検討から介入することが可能であり，陥りやすいネガティブなセリフパタンに，支援されながらでも気づくことができる対象者には有効であると考えられる。本章では，対象者が生成したセリフパタンに気づき，それを修正するための支援を行った事例を示す。

2. 方法

1) 対象者

本実践を実施した後に、アスペルガー障害と診断された成人B。コース立方体組み合せテストによるIQは119であった。専門学校を卒業しホームヘルパー2級を取得して福祉の現場に派遣社員として勤務していた。出勤時刻はおおよそ守れ、簡単な作業もできる能力がある一方で、他人の欠点を見つけてはストレートに表現し、人に不愉快な思いをさせることがたびたびあった（とくに悪意があるわけではなく、見えたことが気になるという理由で、言ってしまうようであった）。そのため、人間関係が悪化し、就職しても2～3か月で退職してしまう状態を繰り返していた。

2) 用いたスクリプト

対象者と相談担当者が語った話をスクリプトの形式で書きおこした。スクリプトは、「設定」、「実行」、「確認」の3部に区切ることができる場合が多いが、本スクリプトもそれにならって区切った。なおBは対象者、Tは相談担当者（筆者）とする。（表1）

表1　失敗パタンとベターなパタンの気づきスクリプト

設定
　B：先生、こんにちは。
　T：こんにちは。
　B：「またやっちゃったー」と言いながらドンと座る。
　T：またやっちゃったのー。
　B：例のDさんが利用者に乱暴するのよ。
　T：乱暴というのは、たたいたり、けったりするの？
　B：乱暴には言葉の暴力だって入るでしょ？
　T：言葉の暴力ですね。
　B：先生、言葉の暴力を軽く考えてませんか？
　T：……言葉の暴力は重いですね。ところで、そのDさんが？
　B：それなのにDさんに上司が優しく話しかけるのよ。
　T：上司がDさんに優しいわけですね。
　B：上司はわかってなーい、と思って、「Dさんが利用者に乱暴に当たるので改善してください」と言ったんです。
　T：上司は何と答えたんですか？
　B：「人の心配するより、自分の仕事をちゃんとやって」と言われました。
　T：そうですか。
　B：それで私、言ってやったんです。「私、お嫁さんの気分」って。
　T：そしたら上司は？
　B：「私を姑扱いするのね」と言って怒りました。
　T：上司が怒っちゃったんですね。
　B：「しまった。またやっちゃったー」って思いました。もう、仕事やめようかと思って。
　T：「しまった」って反省する分、偉いと思いますよ。
　B：よくわかんない。

> T：ところで，Dさんの処遇はそんなにひどいんですか？
> B：ホームヘルパーの授業では，言葉の暴力は禁止と言われましたから。でも，現場ではよくあるみたい。利用者が，がんこなときなんかは。
>
> 実行
> T：ところで，BさんはDさんと同じくらい役立っていると思いますか？
> B：それを言われるとつらい。役立ってないと思います。私なんか利用者を転倒させそうになったことが何度もありますから。
> T：正直ですね。そこがBさんの良いところです。それじゃ，BさんがDさんのことを上司に言った目的は何だったのでしょうか？
> B：よくわかんない。
> T：Dさんのことを上司に報告できたことは悪くなかったと思います。それに対して，上司はBさんをかえって注意しましたね。それに対して，Bさんは「お嫁さんの気分」と言い返しましたね。
> B：はい。
> T：これまで言い返して成功したことはありましたか？
> B：ありません。
> T：たいてい言い返すと成功しませんね。伝えたいことだけ言ったら，あとは何を言われても「はい，お世話になります」ぐらいで終わった方がいいですね。
> B：「お世話になります」のワンパターンですか？
> T：はい。
> B：ちょっとくやしい。
> T：くやしいときこそ，「お世話になります」と言うと，Bさんの品格が上がりますよ。
> B：よくわかんない。品格とか。
>
> 確認
> T：それじゃ，次回は〇月〇日ですね。
> B：はい。（あいさつせずに立ち上がり，振り向き，帰ろうとする）
> T：お世話になります。
> B：あっ。（振り返り）お世話になります。
> T：いいですねー。お世話になります。
> B：はい，お世話になります。（おじぎして帰る）

その職場に就労して1か月後から，以上のようなスクリプト・セッションを1か月に1度実施した。1回の面接時間は50分間であるが，「失敗パタンとベターなパタン」のスクリプトはその50分間の一部に出現していた。スクリプトの時間以外では，家族とのかかわりや職場や地域での対人関係上の悩み，生活や趣味や医療や福祉の話題など，さまざまなことが話された。

3. 結果

本スクリプトの「設定」では，Bが上司に「Dさんが利用者に乱暴に当たるので改善してください」と報告・要望したところまではギリギリ妥当な範囲かもしれないが，上司から「人の心配するより，自分の仕事をちゃんとやって」と忠告されたことに対して，「私，お嫁さんの気分」と言い返したことは行き過ぎと考えさせられる。案の定「私を姑扱いするのね」と言って怒らせてしまう。その時点で，Bはやっと「しまった」と気づくことになる。そこで，この「設

定」の部分の意義を「失敗パタンの気づきに至るやりとり」とした。

「実行」では，Tの質問に答える形でBは「自分はDさんと同じくらいには役立っていない」「これまで言い返して成功したことはない」という立場上の認識を示した。その後，「お世話になります」という決め言葉をTが提案した。Bは「ちょっとくやしい」と言ったが，この決め言葉をスムーズに運用できるようになれば，Bと他者との摩擦が減少することが期待された。そこで，この「実行」の部分の意義を「自分の立場とベターなパタンの気づきに至るやりとり」とした。

「確認」では，「お世話になります」という決め言葉をTがモデルとして示し，Bが自発的に模倣したあとに，Tが賞賛した。Bはもう一度自発的に模倣した。わずかな回数の表出ではあるが，Bの良好な記憶力に期待した。そこで，この「確認」の部分の意義を「ベターなパタンを確認・リハーサルするやりとり」とした。

このやりとりでとくに気をつけたことは，自分の心的態度等に関して確認的に質問された際のBの「よくわからない」という言葉に対する，T側の反応の仕方であった。一見すると，それはBの防衛反応や回避反応のようにもみえるが，実はBは本当に自分の心的状態を明確に把握できてはいないのではないかとも考えられた。そのため，Bの「よくわからない」という反応にはそれ以上突っ込まず，言語行動レベルでの「失敗パタン」を「ベターなパタン」に書き換えることを第1目標とした。

このようなスクリプト・セッションを続けるうちに，Bは上司への告げ口，言い返しを自己制御し，要所要所で「お世話になります」「お世話さまです」「いつもどうも」などと発言できるようになった，と本人が報告してくれた。ただし，Tとの面接では，職場でたびたび感じた悔しい気持ちを自分がどんなに我慢していたか，といった話が次々と出てきた。このような場がないととても1か月も我慢していられないと語った。結局，このスクリプト・セッションを開始した後5か月に渡って，Bはその職場に勤務し続けることができた。

その後，Bは自発的に医療機関を訪れ，アスペルガー障害の診断を受けた。医師から「あなたの場合は薬を飲んだ方がよりよい人生を送れますよ」と言われ，コンサータとパキシルとリスパダールを処方された。Bは「長い期間がかかったが，医師のおかげで障害者手帳を交付してもらうまでに漕ぎ着けた。薬のおかげで頭がすっきりし，考えがまとまるようになった。自分を客観的に見れるようになった。これまでは，頑張れば（人並みに）できると思ってきたが，今は『（自分は）こんなもんかな』とさめた見方ができる。つまらない日常でもそれなりに生きていけるようになった。日常の中に楽しみを見出せ，幸せを感じる」と語った。

さらにその後，Bは障害者雇用制度を用いて比較的安定した企業に就労した。そこでの勤務状況は平穏であった。Bは「内容は単純労働。同僚が親切でありがたい。簡単な仕事をわざと当ててもらっていることもわかる。波乱万丈な人生を求めていたが，自分の人生のビジョンが見えてきた。多分障害者雇用でほそぼそと働いていくのだろう。でも余暇も楽しめ，悲観的にならない。嫌がっていた地味な人生をそれほど嫌じゃないと思う。人生が落ち着き，守りに入っ

たかなと思う。自分の憧れていた仕事やまともで普通でありたいというプライドや私は障害が軽いから頑張ればできるというプライドは，手放した」と語った。

次の面接のとき，Bは職場で製品の実数と帳簿のズレからミスを出してしまい，落ち込んで来談した。その中でBは「私の確かめ忘れが原因です。頑張ってもどうしても抜けます。自分はこんなに抜けている人だったんだと思います。それが障害なんでしょうね。それが理由で，仕事を減らされてしまいました。それがサポートだとはわかっていますが，辛い。医師と相談して薬を減らしています。被害妄想と過呼吸が出ましたが持ち直しました。努力して平衡を維持するようにしました。仕事のミスは減りました。トレーニングジムで汗を流すとさっぱりしてイライラが減ることがわかってきました。このまま年を取ってしまうのかなー。いやだ」と語った。

4. 考察

本事例のように「失敗パタンとベターなパタン」のスクリプトを用いて対話を行い，ASDの対象者が失敗パタンと，有利でない自分の立場と，ベターなパタンに気づき，そのベターなパタンをリハーサルすることは可能であることが示される。逆の見方をすれば，そのような気づきとリハーサルを目的として効果的な対話を行った場合は，その対話はおのずと「失敗パタンとベターなパタン」のスクリプトの形になっていると言ってもよいのかもしれない。

スクリプトによる実践のみの成果ではなく，医療の手助けが大きく関与した結果ではあるが，Bは自分が他者より立場的に有利でないことや自分の能力程度がそれほど高くないことに気づき出し，他者の欠点を後先かまわず指摘するのではなく，支援に対しても拒否的にならず受け入れるようになり始めた。そして，「地味な人生」という自分にとっての最終利益を「嫌じゃない」とまで語るようになった。

この実践の成果はスクリプトのみの効果というよりも，スクリプトの対話の中で自分の存在と活動を承認・賞賛してくれる他者（相談担当者）が存在しているという事実が大きく影響していると考えられる。また，スクリプトの外側の要因ではあるが，仕事の内容と分量を適切に調整してくれる職場のサポート，そしてトレーニングジムなどの我を忘れて没頭できる健全な余暇活動の存在も「日常の中に楽しみを見出せ，幸せを感じる」人生を支える要因になっていると考えられる。

〔佐竹真次〕

〔文　献〕
大野　裕（2003）こころが晴れるノート－うつと不安の認知療法自習帳．創元社．
大野　裕（2010）認知療法・認知行動療法治療者用マニュアルガイド．星和書店．

B. 実践研究（事例）：3

知的障害のある成人を対象とした
スクリプトによる自発的な雑談スキル獲得訓練
―――スマートフォンの活用を通して―――

1. はじめに

　近年，サービス業や販売などの第三次産業従事者の増加により，発達障害や知的障害のある人の就職や就労継続が難しくなっている。離職理由の最上位として，人間関係がうまくいかなかったことが挙げられている［埼玉県，2011］。志賀［2000］によれば，人間関係のトラブルは休憩時間に発生することが多く，その理由として，休憩時間には自然とコミュニケーション力が求められ，彼らの雑談の苦手さが考えられる。職場での人間関係を良好に保ち，就労を維持していくためには，休憩時間に職場内の人と雑談などのコミュニケーションが必要である。

　雑談は相互作用としての機能が強い会話である［尾崎，1996］。人間関係は雑談によって作られており［川上，2008］，コミュニケーションの潤滑油［松本，2010］として人間関係を築くために重要な役割があると考えられる。さらに筒井［2012］は，雑談は自然に習得できるものではなく，指導することが必要であると述べた。特に知的障害等コミュニケーション能力に支援を要する場合は教育内容に取り入れるべきである［井上，2011］。しかし，学校教育の中で，知的障害のある児童生徒を対象とした雑談の指導を実践した報告はほとんどみられない。

　雑談はコミュニケーションスキルの1つであり，日常生活場面で自然なスキル使用ができるように語用論的アプローチを取り入れた研究がみられる。例えば発達障害を対象とした雑談に関する訓練として，横堀［2010］の実践がある。就労場面での休憩時間の過ごし方についてシュミレーション場面を使ったソーシャルスキルトレーニングを実践し，その有効性を明らかにした。

　雑談スキル獲得に期待される訓練として注目されるのは，スクリプトによる訓練だと考える。スクリプトを用いた実践として，冠木［2012］は高機能自閉症のある高校生を対象とし，高齢者施設での日常会話スキル獲得を目的とした訓練を行い成果を上げた。課題として自分から話題を提供することの困難さを指摘し，いくつかのパターンを想定したスクリプトを用いることを提案した。

　また，中川［2009］は，雑談を成功させる条件の中で重要なものは共有できる話題であると述べた。松本［2010］は無難な話題として時事に関するものや関心の高い最近のニュースを挙

げた。話題を探す方法としては，新聞やテレビが考えられるが，外出先でも情報を得られることや今後普及する見込みがある［MM総研，2013］ことから，スマートフォンを用いることができると考えた。また，トップニュースがワンタッチで見られ，スポーツ，芸能などのジャンルに分かれていることが話題の見つけやすさにつながると考えた。

そこで本研究では，知的障害のある成人女性を対象とし，スマートフォンを使用し話題を作り，スクリプト訓練を通して自発的な雑談スキル獲得をめざし，その有効性について検討することを目的とした。また，支援者を母親として専門職によらない訓練の可能性を考察した。

2. 方法

1）対象者

対象となったのは，知的障害のある27歳の成人女性であった。WAIS-Ⅲの結果（26歳6か月時）は，VIQ 55，PIQ 53，FIQ 50，VC 56，PO 52，WM 50，PS 50 であった。中学校卒業後は養護学校（現特別支援学校）に進学，卒業後は障害者雇用枠で一般企業に勤務している。余暇の時間の過ごし方は，パソコンや携帯電話を使用して動画を1人で見て過ごす時間が多いが，近所にある書店等にでかけたり，家族と外出したりもしている。家族の知人が来家したときには，一緒に過ごそうとするが，対象者から話題を出して話す機会はほとんど見られない。また，話が長くなってくるとその場から離れてしまうことが多い。

2）支援者

支援者は対象者の母親であった。筆者はトレーナーとなり，対象者の母親を支援した。

3）標的行動

標的行動は以下の4つであった。①スマートフォンを持ってくる（取り出す），②スマートフォンから話題を1つ選び，ニュースの報告をする，③ニュースの報告後に相手に「知っている？」と尋ねる，④相手の会話へ応答し，報告したニュースに対して自分の気持ちや考えを話す，である。これらの標的行動は，事前評価に基づき，支援者と相談をして決定した。

標的行動を含む本研究の妥当性については，対象者，対象者家族への聞き取りと事前評価より妥当と判断した。

4）スクリプト

スクリプトを表1に示した。ニュースの既知未知などから3パターンのスクリプトとなった。

5）訓練手続き

訓練手続きの概要を表2に示した。訓練場所は対象者の自宅であった。事前事後評価のビデ

表1 雑談スクリプト

スクリプト名：「雑談」
課題：自発的な雑談スキルの獲得。 役割：対象者，支援者，トレーナー。 道具：スマートフォン。

場面1：支援者は対象者と2人になる
 *1) 対象者はスマートフォンを持ってくる。
  2) 対象者はスマートフォンのトップニュース画面を開く。
  3) 対象者はニュースを1つ選ぶ。
場面2：ニュースの報告をして，質問する
 *1) 「今日（ニュース）があったよ」と支援者に報告する。
 *2) 「知っている？」と支援者に質問する。
  3) 支援者は「知っている」もしくは「知らない」の応答をする。
場面3-1：支援者がニュースを知っている場合に話を続ける
  1) 支援者は「（ニュース）でしょ？」と対象者に聞き返す。
 *2) 「そうそう。（自分の考え，気持ち）」を伝える。
  3) 支援者が「私は（考え，気持ち）だと思ったよ」と応答する。
  4) 「そうだよね。（支援者の考え，気持ち）」を繰り返す。
場面3-2：支援者がニュースを知らない場合，ニュースの報告だけでニュースの内容がわかる場合
     に話を続ける
  1) 支援者は「どこで？ 誰が？ いつ？」などの一言で答えられるクローズな質問をする。
  2) 「○○で」「○○さん」「○時頃」などと応答する。
  3) 支援者は「そうなんだね」と応答する。
 *4) 「うん。（自分の考え，気持ち）」を伝える。
  5) 支援者が「私は（考え，気持ち）だと思ったよ」と応答する。
  6) 「そうだよね。（支援者の考え，気持ち）」を繰り返す。
場面3-3：支援者がニュースを知らない場合，ニュースの報告だけでニュースの内容がわからない
     場合に話を続ける
  1) 支援者は「詳しく教えて」と要求する。
  2) スマートフォンのニュースを読む。
  3) 支援者は「そうなんだね」と応答する。
 *4) 「うん。（自分の考え，気持ち）」を伝える。
  5) 支援者が「私は（考え，気持ち）だと思ったよ」と応答する。
  6) 「そうだよね。（支援者の考え，気持ち）」を繰り返す

（*は標的行動）

オ記録時間を13分とした理由は，対象者の負担を考慮して設定した。事前評価からスクリプトの内容，援助レベルをトレーナーから支援者へ提案し，相談の上決定した。
　表出面の基本的な訓練手続きは，場面ごとの自発を待ち（表出：レベル1），自発しない時には，5秒の時間遅延法とマンド・モデル法，もしくは5秒の時間遅延法とモデル部分提示（表

表2 訓練手続き全体の概要

具体的な実施内容

1. 事前評価
    対象者と訓練者の2人時の日常会話のビデオ記録（13分×5日間）
2. スクリプトの作成
    指導者とトレーナーでのスクリプト内容を相談と確認
    スクリプト作成，援助レベル設定，チェックリスト作成
3. 支援者トレーニング
    トレーナーから支援者への指導
4. 訓練
    (1) 介入Ⅰ期：指導者にトレーナーが付いての対象者とのスクリプト訓練（ビデオあり）
    (2) 介入Ⅱ期：トレーナー評価による指導者と対象者とのスクリプト訓練（ビデオあり）
    (3) 介入Ⅲ期：指導者評価による対象者と指導者のスクリプト訓練（ビデオなし）
    (4) 般化：指導者チェックリストと対象者と指導者への聞き取り
5. 事後評価
    訓練終了後に対象者と訓練者の2人時の日常会話のビデオ記録

出：レベル2），マンド・モデル法とモデル部分提示で自発しない時には，5秒の時間遅延法とモデル全提示（表出：レベル3）とした。援助はレベル2からレベル3へと移行していくこととした。応答面の訓練手続きとして正答でなかった場合に，5秒の時間遅延法とマンド・モデル法，もしくは5秒の時間遅延法とモデル部分提示，モデル全提示で正答を援助することとした。

支援者トレーニングでは，支援者とトレーナーでスクリプトの読み合わせと上記の援助方法の確認を行った。介入1期〜3期の介入手続きは表2に示した。介入時には対象者にスクリプトを見せずに行った。介入3期の訓練はトレーナーが関与しなかった。

般化は，介入3期終了後以降に見られたものを対象とし，対人般化は訓練について既知未知の人で確認することとした。

6）記録と評価

チェックリストは，宮﨑［1998］や中村［2006］のチェックリストを参考に作成した。しかしその後，支援者が評価することになったために，わかりやすく標的行動だけを評価する簡易

表3 介入手続き

	トレーナー	ビデオ撮影	評価者
介入1期	同席	有	トレーナー
介入2期	×	有	トレーナー
介入3期	×	無	支援者

なチェックリストを支援者用として作成した。

事前評価はビデオ観察記録から話題数，対象者の話題始発数から対象者の話題始発率を算出した。介入1期では，トレーナーがその場でチェックリストにより評価し，支援者がプロンプトを必要としなくなった連続2セッションで終了とした。介入2期は実施した翌日に，ビデオ観察でトレーナーがチェックリストにより評価した。介入3期はビデオ撮影を行わずに，支援者が支援者用のチェックリストにより評価した。訓練終了となる達成基準は，標的行動全4項目において表出レベル及び応答レベルが1となったセッション，すなわち標的行動の達成率100％連続3セッションとした。対人般化は，支援者がチェックリストにより評価し，場面般化は対象者と支援者から聞き取った。

3. 結果

1) 事前評価

対象者からの話題始発数は1セッション平均0.8回，話題始発率は平均8.21％であった。ターン数と話題数では，ターン数が1セッション平均52回，話題数は1セッション平均7.6話題となった。このことから1つの話題に対して6.84回ターンが繰り返されていることとなり，質問に応答しているだけではなく，会話スキルの応答維持ができていることが明らかとなった。

2) 介入期

介入期1〜3期の結果を図1に示した。

介入1期は7セッションで，標的行動の達成率は36％だった。セッション1はスクリプトから大幅にずれたため評価できなかった。介入2期は7セッションで標的行動の達成率は79％だった。介入3期は4セッションで，標的行動4つ共に自発・表出レベル1を3セッション連続して100％が達成された。標的行動の達成率は94％だった。評価不能の1セッションを除くと1〜3期合計17セッションで，訓練の達成基準を満たしたことから終了とした。

対人般化の結果を表4および図1に示した。対人般化は支援者により，1，2回目は8月に，3，4，5回目は9月に，6，7，8回目は10月に確認された。また，1〜4回目が訓練既知者，5〜8回目が訓練未知者であった。5回目の標的行動の表出・応答レベル

表4 対人般化結果

回数	雑談相手	場所	話題
1	支援者	レストラン	芸能ニュース
2	支援者	台所	時事
3	トレーナー友人A	居間	芸能ニュース
4	父親	車の中	時事
5	従弟	居間	芸能ニュース
6	支援者・祖母	居間	時事
7	トレーナー友人B	居間	芸能ニュース
8	トレーナー友人B	居間	芸能ニュース

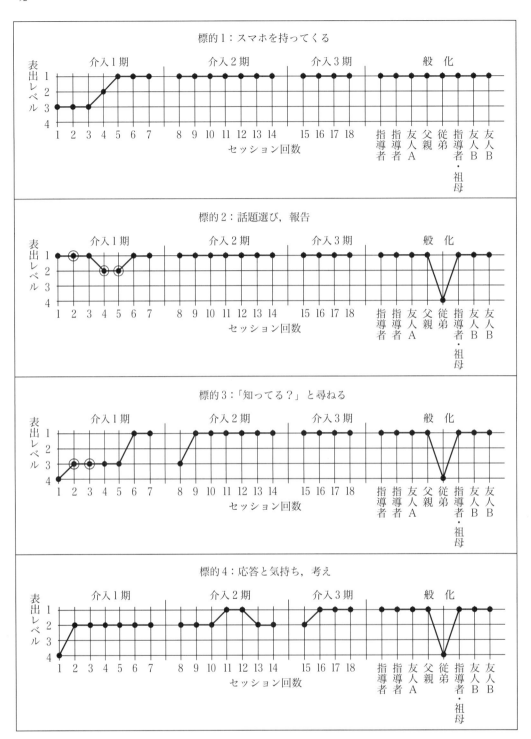

図1 標的行動別介入結果

表出レベル 1 自発, 2 遅延とマンドモデル, 3 遅延と全提示
応答レベル 1 正答, 2 部分正答, 3 応答なし
○はトレーナーから支援者へのプロンプトありを示す

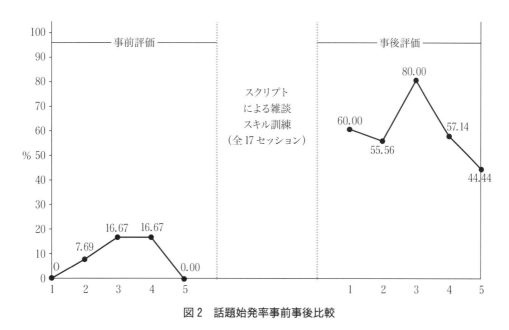

図2 話題始発率事前事後比較

4は，標的行動2が自発的に行なわれなかった。その理由として，対象者にとって従弟が苦手な存在であったことが聞き取りより確認された。標的行動の達成率は91％だった。

対象者からの聞き取りによる場面般化は，8月〜10月に計10回仕事場での休憩時間にスマートフォンから話題を探して雑談することができたと報告があった。雑談の相手の人数は2〜4人で，相手との関係は異年齢ではあるが同僚であった。職場での般化は，対象者本人からの報告のみでの確認となったが，標的行動1および標的行動2に対しては，表出レベル1が達成できたと推測された。

3) 事後評価

対象者からの話題始発数は1セッション平均4回，話題始発率の平均は59.43％であった。

話題始発率について，事前評価と事後評価を比較したものを図2に示した。話題始発率平均は，事前評価8.21％，事後評価59.43％で50％以上の上昇となった。

4) 訓練終了後聞き取り調査

事後評価終了後に，対象者と支援者から訓練についての感想を聞き取った。対象者からは，「家族と会話することが多くなって良かった」，「ニュースを選ぶことや返事を返すことが難しかった」という感想が得られた。支援者からは，「対象者と話す時間が増え，対象者が家族と居間にいる時間が増えた」，「日を追うごとに自分から話そうとしている姿が見られた」，「訓練との関係があるのかはわからないが，以前よりおしゃれを気にするようになってきた」という感想が得られた。

4. 考察

1) スマートフォンを使用した雑談スクリプト訓練の有効性

4つの標的行動すべてが,達成基準を満たしたことから,標的行動を習得したと言えた。また,話題始発率平均が50％以上上昇したことから,自発的に話題作りを行って雑談ができたと思われた。さらに2か月半の間に支援者が確認した般化が8回,対人般化では訓練を知らない人とも自発的に雑談ができ,場面般化も見られた。さらに対象者からの聞き取りにより,職場の休憩時間に同僚との般化が2か月半の間で10回報告された。

以上のことからスマートフォンを使用したスクリプト訓練で,自発的な雑談スキルが習得できたと考えられ,スマートフォンを使用したスクリプト訓練は,自発的な雑談スキル獲得において有効だといえる。

2) 自発的な雑談スキル獲得の要因

雑談をすることで他者と話題や時間を共有し,何らかの欲求を満たし,楽しいと思える強化刺激が重要だと考える。支援者を母親にしたことで,安心して話せる,話したい相手であったことから,話題と時間を共有し対象者の欲求が満たされ,正の強化刺激となり,般化へとつながったと考えられた。また,対象者の職場の休憩場所にはテレビや新聞がなかったが,スマートフォンを持っていたことで話題を探し,話題作りが可能となり休憩時間の般化へとつながったと考えられた。

3) 支援者について

本研究では専門知識のない母親を支援者とし,トレーナーはスクリプトの作成を行った。スクリプトの作成を専門的知識のある人,例えば教員などが携われば,訓練は母親など対象者の周囲の人が行うことが可能であることが示唆された。このことは,学校だけではなく,家庭やジョブコーチなどを利用することで就労の定着や人間関係の構築につながると考えられた。

5. 課題

般化時において不規則な人数の弁別刺激で自発的な雑談が行われた。このことから「2人きりになる」という弁別刺激と異なる弁別刺激が働いたと考えられ,対象者が何を弁別刺激としていたのかを明らかにしていく必要があった。

般化時に対象者が苦手とする人に対して自発的な雑談が生起しなかった。雑談を自発的に行うためには,相手との関係が要因の1つとなっていると考えられた。本研究の対人般化では,知人での対人般化しか行っておらず,またスクリプトはニュースという限定されたパターンで

あった．雑談の相手との関係とスクリプトのパターンを検討していく必要がある．また，訓練終了後の聞き取り調査の対象者からの感想より，スマートフォンからニュースを選ぶ際に，相手に合わせた話題を選ぶことへの困難さが考えられた．そのことから話題を選ぶスキルも必要であり，話題を選ぶスキルへのスクリプト訓練の可能性も探っていく必要がある．

　職場での般化の結果は，対象者からの聞き取りによる判断であった．今後は複数の事例を扱うこと，そして休憩時間などプライベートな時間のデータ収集について検討が必要である．

〔白井理絵〕

〔文　献〕

井上昌士（2011）特別支援学校（知的障害）高等部における軽度知的障害のある生徒に対する教育課程に関する研究―必要性の高い指導内容の検討―．独立行政法人国立特別支援教育総合研究所，研究成果報告書サマリー（H23-B-03）．

冠木真実・長澤正樹（2012）高機能自閉症の生徒を対象としたスクリプトによる会話スキル獲得訓練―高齢者施設利用者との日常会話を想定して―．日本行動教育・実践研究，33，1-7．

川上善郎（2008）雑談力　おしゃべり・雑談のおそるべき効果．毎日コミュニケーションズ，16-37．

松本幸夫（2010）雑談のコツ．ＰＨＰ出版，pp.14-46．

宮﨑　眞（1998）スクリプトを使った指導の実際・具体化．長崎　勤・佐竹真次・宮﨑　眞・関戸英紀（編），スクプトによる社会的スキル発達支援．川島書店，pp.51-64．

MM総研（2013）スマートフォン市場規模の推移・予測．
　　http://www.m2ri.jp/newsreleases/main.php?id=010120130328500

長崎　勤・小野里美帆・中川　円・藍田幸子・中島洋子（1997）共同行為ルーティンによる言語・コミュニケーション指導：6歳ダウン症児へのファーストフード店スクリプトによる指導：スクリプトの柔軟性への対応．東京学芸大学紀要．第1部門，教育科学，48，323-329．

長崎　勤（1998）コミュニケーション・ことばの発達支援と文脈．長崎　勤・佐竹真次・宮﨑　眞・関戸英紀（編），スクリプトによるコミュニケーション指導．川島書店，pp.15-34．

長崎　勤（2006）社会性の発達と軽度発達障害児．長崎　勤・宮﨑　眞・佐竹真次・関戸英紀・中村　晋（編），スクリプトによる社会的スキル発達支援．川島書店，pp.3-21．

中川昌彦（2009）雑談がもっとラクにできる本．実務教育出版．

中村　晋（2006）スクリプトの構成と指導．長崎　勤・宮﨑　眞・佐竹真次・関戸英紀・中村　晋（編），スクリプトによる社会的スキル発達支援．川島書店，pp.73-87．

尾崎明人（1996）会話教育のシラバス再考：会話の展開と問題処理の技術を中心として．名古屋大学日本語・日本文化論集．

埼玉県産業労働部就業支援課（2011）離職時の状況．障害者離職状況調査報告書．

佐竹真次（1998）コミュニケーションの促進の技法．長崎　勤・佐竹真次・宮﨑　眞・関戸英紀（編），スクリプトによるコミュニケーション指導，川島書店，pp.35-48．

関戸英紀（1996）自閉症児に対するスクリプトを利用した電話による応答の指導．特殊教育学研究，33（5），41-47．

志賀利一（2000）発達障害児の問題行動．エンパワメント社．

筒井佐代（2012）雑談の構造分析．くろしお出版．

横堀壮昭（2010）発達障害のある高校生を対象とした就労場面での休憩時間の過ごし方支援．新潟大学大学院教育学研究科修士論文．

B. 実践研究（事例）：4

高機能自閉症の生徒を対象としたスクリプトによる会話スキル獲得訓練
―― 高齢者施設利用者との日常会話を想定して ――

1. はじめに

2008年度に知的障害者を対象とした高等部の専門科目として「福祉」が新設された。「福祉」の内容には，タオルシーツ等の洗濯，施設の清掃やベッドメイクなどの技術的なことや，高齢者施設における利用者とのコミュニケーションが挙げられる。特に福祉現場では，利用者とのコミュニケーションが重要である。

そこで本研究では，高機能自閉症の生徒を対象に，高齢者施設の利用者を想定したスクリプト訓練により，施設利用者との日常会話スキル獲得を目的とした訓練を実施し，その有効性を検証した。

2. 方法

1) 対象生徒（A）

Aは特別支援学校高等部3年生の女子生徒で軽度知的障害と高機能自閉症の診断であった。卒業後は介護施設就労を目指しており，特別支援学校の作業学習では福祉を学習していた。特別支援学校の作業学習「福祉」では，学校でのシミュレーション訓練と，高齢者施設での実習することの2つを組み合わせていた。学校でのシミュレーション訓練では，お茶出し，ドライヤーなどの利用者さんへの対応と，車いすの管理と清掃など技術面の指導が行われていた。

Aの日常会話は，バスを中心としたやや偏った内容の話をする傾向があった。一方で「今日は暑いですね」というような日常会話や，「大学生は○○へ友達と遊びに行ったりしますか？」など話題提供をしてくれる姿が見られた。難しい話や興味のない話を聞くことができない，アドリブが効かない，「わかりません」と言うことに抵抗があるなど，日常会話での困難が見受けられた。

2) 訓練内容と手続き
(1) 目標，訓練内容

20XX年9月から20XX年10月まで，計6回にセッションを行なった。指導した授業は高等部の作業学習である。訓練内容を表1に示した。

表1 目標と指導内容

セッション	目　標	内　容
プレテスト		・訓練前の会話能力のアセスメント
セッション1, 2	・利用者と会話するときに大切な「表情・態度」の会話スキルを習得することができる	・利用者と会話するときに大切な表情と態度を学ぶ
セッション3, 4	・利用者に話しかけるときに大切な「はなそう」の会話スキルを習得することができる	・利用者に話しかけるときに大切なことを学ぶ
セッション5, 6	・利用者の話を聞くときに大切な「きこう」の会話スキルを習得することができる	・利用者の話を聞くときに大切なことを学ぶ
ポストテスト		・訓練後の会話能力のアセスメント

(2) プレテスト，ポストテスト

指導はMTと，高齢者役として対象生徒と会話をする学生2人で行った。高齢者役として対象生徒と会話をするST2人は，対象生徒と面識がない人物を選択した。テストでは，2つの会話を実施した。利用者役には，スクリプトに沿って会話を行ってもらった。Aにはスクリプトは提示しなかった。テストで実施した2つの会話は以下のとおりである。

①基本的な対応を含んだ会話

名前や学校名などの質問に答えるなど，比較的対応しやすい発話を含んだ会話を設定した。

②対応困難な発話を含んだ会話

同じ質問をされる，聞き取りにくく話しかけられるなど，対応困難な発話を含んだ会話を設定した。

(3) 訓練の手続き

訓練の手続きは以下の通りであった。訓練の指導はMTのみで行った。

最初にワークシートで会話スキルの確認をして，さらにポイントを絞ってカードを用いて，会話スキルの確認をした。つぎにスクリプトを用いて会話の練習をした。最初はスクリプトを見て会話をし，慣れてきたらスクリプトを見ないで会話をした。訓練の最後には評価カードを記入し，次回の予定の確認をした。

(4) 訓練で使用した教材

A．ワークシート

ワークシートは「表情・態度」「はなそう」「きこう」の3種類を用意した。会話をする際の

ポイントを記載し，実際に対応するときの台詞などは四角で囲んで強調した。

B．カード

確認カードを使い，会話のフレーズや対応スキルの確認をした。表面に「自分の仕事に戻るとき」等の場面や状況を記載し，裏面に「もう仕事に戻ります。お話楽しかったです。またお話ししましょう」と会話のフレーズや対応スキルを記載した。

C．スクリプト

① 「表情・態度」のスクリプト

このスクリプトでは，①目をみて会話をする，②笑顔で会話をする，③わからないことを言われてもむっとしない，④同じ質問をされてもきちんと答える，の4つの会話スキルをクリアすることが望まれる。

② 「はなそう」のスクリプト

このスクリプトでは①自分から質問してみる，②利用者の答えた内容を繰り返す，③予想外の答えも繰り返す（「そんなことは聞いていません」と言わない），の3つの会話スキルをクリアすることが望まれる。

③ 「きこう」のスクリプト

このスクリプトでは，①利用者の答えた内容を繰りかえす，②利用者からの質問に答える，③自分の知らない話題になったら話を聞く（「私は知りません」や話を無視することはしない），④聞き取りにくい場合は聞きなおす，⑤会話を切り上げ仕事に戻る，の5つの会話スキルをク

表2 「表情・態度スクリプト」

場面1：利用者と会話をする
場面2：展開
　対象生徒：こんにちは。(以下生徒Aとする)
　利用者：こんにちは。
　生徒A：「(自己紹介をします)」
　利用者：「私は○○です。よろしくね。Aさん，部活か何かやっているの？」
　生徒A：「(質問に答えます)」
　利用者：「最近，オリンピックがあったでしょう。Aさん，見たかしら？」
　生徒A：「(質問に答えます)」
　利用者：「私，オリンピックをずっと見ていてね。特になでしこジャパンが印象的だったわ。え～と，名前はなんだったかしら？　ごめんなさいね」
　生徒A：「(もう一度自分の名前を教えます)」
　利用者：「そうそう，Aさんね。Aさんはオリンピック見た？」
　生徒A：「(もう一度質問に答えます)」
　利用者：「レスリングの伊調選手と吉田選手って知っている？　何回連続で勝ったかわかる？」
　生徒A：「(質問に答えます)」
　利用者：「○回連続で勝っているのよ」

表3 「はなそう」スクリプト

場面1：利用者と会話をする
場面2：展開
　対象生徒：「こんにちは」（以下生徒Aとする）
　利用者：「こんにちは」
　〜沈黙〜
　生徒A：「（質問をしてみましょう）」
　利用者：「（質問に答える）」
　生徒A：「○○なのですね（利用者の答えを繰り返す）」
　利用者：「（何か話します）」
　生徒A：「（利用者さんの話から質問を考えてみましょう）」
　利用者：「（質問に答える）」
　生徒A：「○○なのですね。（利用者の答えを繰り返す）」
　〜沈黙〜
　生徒A：「（質問をしてみましょう）」
　利用者：「（予想外な答えで，質問に答える）」
　生徒A：「○○なのですね。（利用者の予想外の答えを繰り返す）」
　（もう一度さっきの質問をしてみましょう）」
　利用者：「（質問に答える）」

表4 「きこう」スクリプト

場面1：利用者と会話をする
場面2：展開
　対象生徒：「こんにちは」（以下生徒Aとする）
　利用者：「こんにちは。昨日の野球の試合，おもしろかったなぁ。巨人が勝ったわ」
　生徒A：「○○なのですね。（利用者の答えを繰り返す）」
　利用者：「Aさん，野球は見るかい？」
　生徒A：「（質問に答えます）」
　利用者：「昨日は巨人とどこが試合したか，わかるかい？」
　生徒A：「（質問に答えます。知らないことだったら，教えてもらいましょう）」
　利用者：「中日と試合だったのだよ」
　生徒A：「○○なのですね。（利用者の答えを繰り返す）」
　利用者：「Aさん，野球は見るかい？」
　生徒A：「（質問に答えます）」
　利用者：「Aさんは・・・・・・・・・・・たの？」
　生徒A：「（聞き取りにくい場合は，もう一度ききます）」
　利用者：「Aさんは・・・・・・・・・・たの？」
　生徒A：「（質問に答えます）」
　職　員：「Aさん，仕事に戻ってください」
　生徒A：「すみませんが，そろそろ仕事に戻ります。お話楽しかったです。またお話しして下さい」

リアすることが望まれる。

④ 評価カード

訓練の最後に，評価カードを用いて振りをした。「よかったところ，がんばったところ」では，自分のよかったところを挙げてもらい，「私はできるのだ！」という自己肯定感の向上をねらった。また「むずかしかったところ，次にがんばりたいところ」では対象生徒本人がセッションを振り返り，評価をすることで「難しいな，苦手だな」と感じたところを挙げてもらい，次のセッションでの課題を明確にすることをねらった。

3) 記録と評価

訓練結果はチェックリストに記録した。ワークシートとチェックリストの作成は，特別支援学校高等部「職業」の授業，高齢者施設で働いている方の話，介護福祉士の参考書を参考にし，作成した。「表情・態度」「はなそう」「きこう」の3つの分野と，4つの項目で構成されている。チェックリストを表5に示す。

表5 チェックリスト

「表情・態度」	①目，または顔を見て話を聞いていたか ②目，または顔を見て話をしていたか ③表情は明るかったか ④あいさつをきちんとしているか
「はなそう」	①的外れな解答にきちんと対応できたか ②利用者が答えてくれた内容を繰り返していたか ③自分から話した内容が1つ以上あるか（同じ話の繰り返しではないか） ④利用者の話から，質問することや話題を広げることができたか
「きこう」	①同じことを話されたり聞かれたりしたときに，もう一度答えることができたか ②聞き取れないときに「もう一度言ってください」と言えたか ③難しい話にも笑顔で対応することができたか ④時間を見て話を切り上げることができたか

3. 結果

訓練全体の結果を表6に示す。

1) プレテスト

「表情・態度」では，「①目，または顔を見て話を聞いていたか」「②目，または顔を見て話

表6　チェックリストに基づいた評価

	項目	プレ	セッション1	セッション2	セッション3
「表情・態度」	①	○	○	○	○
	②	○	○	○	○
	③	○	×	○	○
	④	○	○	○	○
「はなそう」	①	×	○	○	×
	②	×	×	○	○
	③	×	○	○	×
	④	○	○	○	○
「きこう」	①	○	○	○	○
	②	×	×	○	○
	③	○	○	○	○
	④	×	○	○	○

をしていたか」「③表情は明るかったか」「④あいさつをきちんとしているか」の4項目すべての行動生起が確認された。

「はなそう」では「④利用者の話から，質問することや話題を広げることができたか」の1項目の行動生起が確認されたが，「①的外れな解答にきちんと対応できたか」「②利用者が答えてくれた内容を繰り返していたか」「③自分から話した内容が1つ以上あるか（同じ話の繰り返しではないか）」の3項目の行動生起は確認されなかった。

「きこう」では，「①同じことを話されたり，聞かれたりしたときに，もう一度答えることができたか」「③難しい話にも笑顔で対応することができたか」の2項目の行動生起が確認されたが，「②聞き取れないときに「もう一度言ってください」と言えたか」「④時間を見て話を切り上げることができたか」の2項目の行動生起は確認されなかった。

2) セッション1，2：「表情・態度」
(1) セッション1，2

表情はにこやかで，終始目と目があっていた。対生徒の知らない話に対して，筆者は笑顔を保っていると思ったが，対象生徒から「知らない話をされて，むっとしないようにすることがまだ難しい」という反省があがった。しかしセッション2では対象生徒の知らない話に対して，筆者も対象生徒本人も笑顔で対応することができたと感じた。

3) セッション3, 4：「はなそう」

(2) セッション3

トレーニングのはじめに「利用者さんと，どんなことをはなそうかな？」という支援シートを使い対象生徒から，利用者との会話における話題を挙げてもらうと，広い分野からさまざまな話題を考えることができた。今回はスクリプトにあらかじめ質問する部分とその内容を示した。振り返りの際に，次回は自分で質問内容を考えることを伝えると，対象生徒は「利用者さんの話から質問をさがすことは，難しい」と口にした。

(3) セッション4

セッション3において対象生徒が「利用者さんの話から，質問をさがすことが難しい」と言ったことから，利用者さんの話から質問をさがす練習を行ったが，練習を行った後も「利用者さんの話から話題を探すことは，難しい」と話した。

セッション4では「利用者の話から質問をする」部分と「自分から話をする」部分をスクリプトに示し，その内容は対象生徒自身に考えてもらった。セッション3で使用した支援シートをもとに，さまざまな話題を話すことができ，アレンジをきかせてスクリプトに示していない場面でも，質問をして会話を広げる場面が見られた。このような様子から筆者としては利用者に質問することがよくできたと感じたのだが，対象生徒は「利用者さんの話から質問を考えることはまだ難しい」と振り返っていた。

4) セッション5, 6：「きこう」

セッション4から約1か月の間が空き，セッション5を行なった。

(1) セッション5, 6

対象生徒はわからないことに対して「わかりません」ということが苦手である。そのため「②聞き取れない時に『もう一度言ってください』と言えたか」という項目に対し，抵抗感がありセッション5までは×であった。そこで「誰だって聞き逃すことや，聞き取りにくいことはある。だからもう一度聞きなおすことはおかしなことではないのだ」と指導をした。振り返りの際に対象生徒は，「聞きなおすことが難しいけど，遠慮なく聞きなおせたのでよかった」と述べた。

5) ポストテスト

「表情・態度」では，「①目，または顔を見て話を聞いていたか」「②目，または顔を見て話をしていたか」「③表情は明るかったか」「④あいさつをきちんとしているか」の4項目すべての行動生起が確認された。

「はなそう」では「②利用者が答えてくれた内容を繰り返していたか」「④利用者の話から，質問することや話題を広げることができたか」の，2項目の行動生起が確認された。一方「①的外れな解答にきちんと対応できたか」「③自分から話した内容が1つ以上あるか（同じ話の

繰り返しではないか)」の，2項目の行動生起は確認されなかった。

「きこう」では，「①同じことを話されたり，聞かれたりしたときに，もう一度答えることができたか」「②聞き取れないときに『もう一度言ってください』と言えたか」「③難しい話にも笑顔で対応することができたか」「④時間を見て話を切り上げることができたか」の4項目すべての行動生起が確認された。

4．考察

1）スクリプトによる日常会話スキルの獲得

(1) 成果

「表情・態度」の分野は，プレテストですべての項目を達成したため，この段階でこれらの会話スキルを持っていたといえた。「きこう」の分野は，達成項目数は2項目から4項目へと増加した。「②聞き取れない時に，もう一度言ってくださいと言う」「④時間を見て話を切り上げる」の2つの会話スキルを習得した。「きこう」での結果から，対応スキルがスクリプトやシミュレーションで明確に示されている会話スキルは，短期間でもある程度獲得できるということがわかった。

(2) 課題

「はなそう」の分野は，達成項目数は1項目から2項目と増加した。「②利用者が答えてくれた内容を繰り返す」というスキルを習得したが，ポストテストにおいて訓練では達成していた「①的外れな解答にきちんと対応できたか」「③自分から話した内容が1つ以上あるか」の項目が生起しなかった。これには2つの課題が挙げられる。

①指導回数の確保

今回の訓練の結果，「はなそう」と「きこう」で差が出てしまった。その理由の1つを，指導時期の違いだと考えた。「はなそう」とポストテストとの間は1か月空いていたのに対し，「きこう」とポストテストは1日しか間が空いていなかった。また般化を確認するテストを実施することもできなかった。対象生徒が就労のための訓練を受ける関係で，理想的な日程を組むことが難しく，このような日程での指導になってしまった。より確実に会話スキルと獲得するために，会話訓練の回数を確保した繰り返しの指導が必須である。

②抽象的なスキルの指導

指導回数のほかに，「はなそう」では抽象的な会話スキルを必要とする場面が多かったことも，課題に挙げられる。たとえば自分から話題を提供することが必要となる「沈黙場面」など抽象的でわかりにくい場面の定義についての，指導が不十分だった。

「沈黙場面」を指導する場合，「質問をしてみましょう」などのカード提示で「沈黙場面」を見えるように工夫し，沈黙場面という定義を指導する。そしてカード提示の頻度を減らすフェイディング法を取り入れ，カード提示がなくとも「沈黙場面」において話題提供が自然にでき

るようにする。

2）これからの作業学習「福祉」における会話スキル訓練

　これらの考察から職業教育「福祉」においてスクリプトによる会話訓練の果たす役割は，高機能自閉症の人が苦手とする，相手（ここでは，高齢者施設利用者）に合わせて会話をすることの支援につながると考える。このことから，今後特別支援学校高等部の作業が学習で「福祉」を取り扱う場合，技術的な面に加えて，利用者とのコミュニケーションスキルや日常会話スキルの習得に関する指導も必要になると考える。

〔冠木真実〕

〔文　献〕

長崎　勤・宮﨑　眞・佐竹真次・関戸英紀・中村　晋（編著）（2006）スクリプトによる社会スキル発達支援 ―LD・ADHA・高機能自閉症児への支援の実際―．第4章スクリプトによる指導の流れ．川島書店．

長崎　勤・佐竹真次・宮﨑　眞・関戸英紀（編著）（1998）スクリプトによるコミュニケーション指導―障害児との豊かなかかわりづくりをめざして―．川島書店．

宮﨑　眞・下平弥生・山澤里朱（2011）自閉症児におけるスクリプトおよびスクリプト・フェイディング手続きによる社会的発話の促進．行動分析学研究，**26**(2)，118-132．

荘村明彦（2009）新・介護福祉士養成講座5　コミュニケーション技術．中央法規出版株式会社．

B. 実践研究（事例）：5

選択性緘黙児に対する
コミュニケーションカードを用いたあいさつ等の指導

1. はじめに

　本研究では，選択性緘黙（以下，「緘黙」とする）の小学校2年生の女児に対し，コミュニケーションカードを用いて，あいさつやお礼（以下，「あいさつ等」とする）の自発的表出を目指した指導を学校生活の日常場面において行った。そして，その結果から，学校生活場面において，教師や級友と社会的なやりとりを非音声言語を用いて経験することが，緘黙児にとって発話の前段階の指導として妥当であるかどうかについて検討することを目的とした。

2. 方法

1）対象児

　対象児は公立小学校通常学級に在籍する2年生の女児（以下，「A児」とする）である。保護者の報告によると，幼稚園に通っていた4歳の頃から，家庭および家族との外出時においては家族と会話は可能であったが，幼稚園では言葉を発しないようになった，ということである。心療内科に一度受診したが，そこでは診断はつけられなかった。小学校に入学後も校内ではまったく言葉を発していない。校外でも，学校の児童や教師がいる場面では話をしない。A児の級友のうち女子2人（以下，「B児」「C児」とする）とは，A児の家で遊ぶ時だけ会話をする。学習場面では，返事・発表・音読など声を出すことを一切しない。授業中挙手をしないが，教師が板書した問題を前に出てやるように指示をすると，前に出て問題を解くことができる。ノートは丁寧に書き，学習内容も理解できている。学力的には学級内では中位くらいである。国語では自分の意見や感想を書くことができる。音楽では歌を歌わないが，木琴やマラカスなどは演奏する。しかし，鍵盤ハーモニカやリコーダーは準備をするだけで，吹かずにその場に座っている。図工では他児と同じように活動をすることができる。体育では，鬼ごっこや徒競争はできるが，準備運動や跳び箱・鉄棒は立ったままで動かない。休み時間は，無表情のまま自分の席に座っているか，1人で折り紙を折っていることが多い。級友に誘われれば一緒に教室内で遊ぶことはあるが，自分から誘うことはみられない。級友や教師とのやりとりに関しては，質問をされたら首を振るか，指差しで答える程度で，身振りや筆談もみられない。

2) 指導期間と指導場所

指導期間は，201X年10月19日～12月21日までであった。大学院生1名がアシスタント・ティーチャー（以下，「AT」とする）として当該の小学校を週に1～3回訪問し，A児の学級で指導を実施した。A児の学級の児童数は29人（男子13人，女子16人）で，担任は新採用の男性であった。また，A児の学級にはATの他に初任者指導講師として，週に1回E教師がかかわっていた。

3) 標的行動と指導場面の設定

指導開始前にATが担任と話し合いをもった結果，担任はA児にもあいさつができるようになってほしいと考えていた。また，A児は通常学級に在籍しているため，個別指導等の特別な場面を設定して指導を行うことは困難であり，学校生活の日常場面で可能な指導を行う必要があった。そこで，本研究では，標的行動を，音声言語の表出がみられないA児が，コミュニケーションカードを用いてあいさつ等を自発的に表出することとした。

4) コミュニケーションカード

A4判サイズの紙に，「おはようございます」「ありがとうございます」「さようなら」などと印字し，それをラミネート加工した後，2cm×8.5cmの大きさに切り取り，リングに閉じて使用した。コミュニケーションカードには3つのあいさつ等の他に，学校生活の日常場面で使う可能性のある言葉（「かしてください」など）も含めた。その結果，カードの枚数は全部で17枚になった。また，A児にコミュニケーションカードを学校で常時携帯させるようにした。

5) 指導方法

本指導は学校生活の日常場面で行われることから，自然な文脈の中で指導を行う必要があった。そこで，あいさつ等が求められる4つの場面を設定した。指導は，担任とATの2人で行い，担任は「おはようございます」（場面1），「ありがとうございます」（場面2），「さようなら」（場面3）の指導を，ATは「ありがとうございます」（場面4）の指導を行った。指導の流れを表1に示した。

(1) 手続き

①ベースライン

コミュニケーションカードを使用しない状態で，あいさつ等の表出がみられるか否かを3セッションで直接観察した。

②指導

表1に基づいて指導を行った。なお，場面1・場面2・場面3は201X年10月19日から，場面4は11月9日から指導を行った。あいさつ等の自発的表出がみられない場合には，場面1・2・3では担任が，場面4ではATが，「どうするの？」とプロンプトを提示した。標的行動習

表1　コミュニケーションカードを用いたあいさつ等のルーテン

場面1：登校後にあいさつをする
　1）A児が登校する。（担任は教室の教師用の机で待機）
　2）身支度をする。
　3）担任の方に向かう。
＊4）「おはようございます」のコミュニケーションカードを見せる。
　5）担任が「おはようございます」と応答する。

場面2：帰りの会でお礼を言う
　1）A児が連絡帳を持ってくる。
　2）担任が連絡帳を確認し，スタンプを押す。
＊3）担任に「ありがとうございます」のコミュニケーションカードを見せる。
　4）担任が「はい」と応答する。

場面3：帰りの会終了後にあいさつをする
　1）クラス全体で「さようなら」のあいさつをする。
　2）あいさつが終わった後に，担任の方に向かう。
＊3）担任に「さようなら」のコミュニケーションカードを見せる。
　4）担任が「さようなら」と言う。
　※以上のやり取りを，1日に1試行ずつ行う。

場面4：休み時間にお礼を言う
　1）休み時間にATが「スタンプほしい」「色紙ほしい」と聞く。
　2）A児が応答する。
　3）ATがスタンプを押す，または色紙を渡す。
＊4）A児が「ありがとうございます」のコミュニケーションカードを見せる。
　5）ATが「どういたしまして」と言う。
　※以上のやり取りを，1日に5試行行う。

(＊が標的行動)

得の基準は，担任の指導では「おはようございます」「ありがとうございます」「さようなら」の自発的表出が3セッション連続でみられた場合とし，ATの指導では80％以上の正反応率が連続する5セッション中3セッション以上でみられた場合とした。

6) 記録の方法

本指導では，指導開始前にみられなかったコミュニケーションカード以外の非音声言語コミュニケーション行動や，指導場面以外でコミュニケーションカードが使用された場面および回数について，ATが指導日に直接観察により記録した。さらに，A児の発話については，級友に，A児の発話を聞いたときにそのことをATに報告するように依頼した。そして，級友の報告を受けた後に，A児にその確認をとるようにした。

7) 社会的妥当性

指導方法および効果の妥当性を検討するために，担任，学年の教師（以下，「F教師」「G教師」とする），E教師に5項目からなるアンケートを依頼し，5段階評定で回答をしてもらった。また，気づいた点などを自由に記述してもらった。

3. 結果

1）標的行動の習得

標的行動の習得過程を図1に示した。ベースラインでは，担任・ATや級友に対してあいさつ等の表出はみられなかった。

担任の指導においては，「ありがとうございます」「さようなら」はセッション5（以下，「S5」とする）から正反応がみられ，その後はすべて正反応であった。「おはようございます」の指導もS5から正反応がみられたが，その後S22から正反応がみられなくなった。

ATの指導では，S15から正反応がみられ，S17からは「ありがとうございます」のカードを見せずに，「ありがとうございます」カードの提示と同じ機能をもつ身振りが自発的に表出された。すなわち，ATからスタンプを押してもらった後や色紙をもらった後におじぎをするようになった。

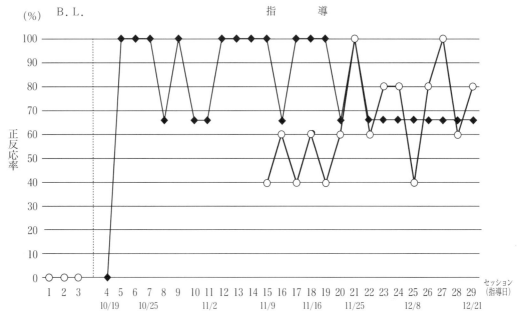

注1）◆は場面1・2・3の，○は場面4の習得過程を示す。
注2）場面1・2・3は10月19日から，場面4は11月9日から指導を行った。

図1　標的行動の習得過程

2) コミュニケーションカードの使用およびおじぎの般化

指導場面以外でのコミュニケーションカードの使用はS16の指導後（図1参照）からみられるようになった。使用がみられた相手は，教師3人，AT，級友4人の計8人，回数は延べ23回であった。

担任に対しては，「ありがとうございます」のカードを4回使用した。場面は，A児が担任から物を借りて返却する際に3回，授業中に漢字ドリルに丸つけをしてもらった後に1回であった。ATに対しては，消しゴムを拾ってもらったときに「ありがとうございます」のカードを1回，帰りのあいさつでおじぎを1回，外国語活動の授業と体育の授業の前に「やりたくない」のカードを1回ずつ見せた。E教師に対しては，朝のあいさつで「おはようございます」のカードを1回，帰りのあいさつで「さようなら」のカードを1回，計2回の使用がみられた。また，E教師に対して，朝のあいさつと帰りのあいさつで1回ずつおじぎをした。隣のクラスの担任であるF教師に対しては，下校時に校門の前で「さようなら」のカードを1回示した。H児（女子）に対しては，鉛筆を借りたときに「ありがとうございます」のカードを2回，H児が早退する際に「さようなら」のカードを1回使用した。I児（女子）に対しては，折り紙をもらったときに「ありがとうございます」のカードを1回，休み時間に遊んでいるときにおじぎが4回みられた。B児（女子）に対しては，折り紙を折ってもらったときに1回おじぎがみられた。J児（女子）に対しては，ATが持ってきた貯金箱を借りるときに「かしてください」のカードを1回使用した。

3) その他のコミュニケーション行動

指導期間中に，指導開始前にはみられなかった筆談や身振りなどがみられるようになった。

筆談の使用がみられた相手は，教師3人，AT，級友3人の計7人で，回数は延べで24回であった。筆談は10月26日にK児（女子）に対して初めて行われた。その機能は応答であった。I児やE教師や担任に対しては，質問に対する応答として筆談が使用された。ATやG教師（図工の専科）やH児に対しては，要求や叙述の機能をもつ筆談がみられた。

一方，身振りは，おじぎ以外に「わからない」を表す身振り（首をかしげる）がみられ，その後，「やりたくない」「拒否」を表す身振り（胸の前で両腕を交差させて×印を作る），ギターを弾く身振り（左手を耳の付近まで挙げ，腹部付近で右手を上下に振る）がみられるようになった。

4) A児の発話の推移

A児の発話の推移について図2に示した。A児は，指導開始前，A児の家でB児・C児との会話が確認されていた。また，11月6日に，A児の家にH児が遊びに行き，そこで会話が交わされた。11月16日には，さらにJ児・K児がA児の家に遊びに行き，そこで会話を交わした。11月18日には，A児とI児・L児（女子）・M児（女子）が放課後の校庭で一緒に遊

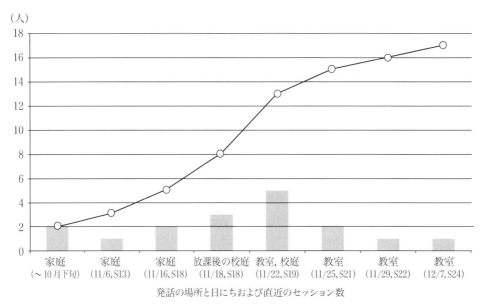

図2 A児の発語・発話(耳打ちを含む)の推移

び,そのときにA児が相手の耳元で小声で話をした(以下,「耳打ち」とする)。11月22日には,これまで話したことのある級友に加え,N児・O児・P児・Q児・R児(全員女子)に,教室や校庭で耳打ちをするようになった(例えば,「きゃっきゃっ」「うきうき」「ちょうだい」「だめ」「遊ぼう」など)。さらに,11月25日にS児(女子)・T児(女子)に,11月29日にはU児(女子)に,教室で耳打ちをした。12月7日には,初めて男子に対する耳打ちもみられた。指導開始後に初めてA児の発話を聞いた級友の数は耳打ちを含めて15人になり,A児はクラスの半数以上の児童と言葉を交わした。そのうち,コミュニケーションカードの使用や筆談を経て発話(耳打ちを含む)へと至ったのは4人(H児,I児,J児,K児)であった。残りの11人に対しては直接耳打ちがなされた。

5) 社会的妥当性

①「A児の表情に変化が出てきたと思いますか」については,4人全員が「とてもそう思う」と評価し,②「A児のコミュニケーション手段に変化が出てきたと思いますか」についても,4人全員が「とてもそう思う」と評価していた。自由記述では,「かかわってくる児童が増えてくるにつれて,A児の表情も明るくなり,行動も積極的になり,のびのびと,そして楽しそうに過ごしていることがわかりました」(E教師),「初めは触られることも拒否していたようでしたが,表情の明るさ,柔らかさも感じられるようになりました」(G教師),「A児が口を友達の耳にあてて内緒話をしている場面を多く見かけるようになりました」(E教師)という記述があった。③「コミュニケーションカードを用いた支援は有効だったと思いますか」につ

いては,「とてもそう思う」が2人,「そう思う」が2人であった。自由記述では,「コミュニケーションカードでは,担任ともたくさん会話ができました」(担任),「コミュニケーションカードを使う時期,タイミングが良かったと思います」(G教師) という意見があった。④「この支援は先生にとって負担でしたか」については,4人全員が「とてもそう思わない」と評価していた。⑤「A児に対して,友だちのかかわり方が変わってきたと思いますか」については,「とてもそう思う」が3人,「そう思う」が1人であった。自由記述では,「クラスの子どもたちは,カードにとても興味をもち,A児の周りに集まるようになったと思います。声をかける子や一緒に折り紙をする姿も多くなりました」(担任) とあった。さらに,12月に担任が保護者と面談をした際,コミュニケーションカードの使用に対して,保護者から「どうしてよいかわからなかったので,助かっています」という報告があった。

6) 指導終了後のA児の様子

指導終了後の201X＋1年3月に,A児が担任とE教師に対して,「さようなら」と耳打ちしたことが,担任から報告された。さらに,201X＋1年5月に,3年生に持ち上がった担任に対して,「おはようございます」「○○を忘れました」「ありがとうございました」「さようなら」と耳打ちがみられ,9月に入ると,級友と耳打ちで伝言ゲームができるようになった,との報告が担任からあった。

4. 考察

1) 標的行動の習得

「おはようございます」「さようなら」「ありがとうございます」が4つの指導場面で自発的に表出されるようになったことから,標的行動が習得されたといえる。

指導場面1 (担任の「おはようございます」の指導) では,S5から正反応がみられたものの,S22から正反応がみられなくなった。これは,S22からA児が登校すると,級友がA児の周りに集まるようになったため,A児はランドセル等をしまうとそのまま級友と遊びに行ってしまい,A児が担任のほうに向かうという行動が生起しなくなってしまったため,A児は担任にプロンプトを提示されることがあった。指導場面2 (担任の「ありがとうございます」の指導) では,S5からすべて正反応がみられた。この指導場面は連絡帳を担任にチェックしてもらう場面で,指導前から毎日繰り返し行われてきた活動であった。そのため,A児にとっては文脈の理解がなされていたため,「ありがとうございます」カードを使用することが容易であったと考えられる。指導場面3 (担任の「さようなら」の指導) では,S5からすべて正反応がみられた。この指導は,A児と親しい級友や一緒に下校する級友が教室内にいたものの,多くの児童が帰った後に行われたため,A児にとって心理的な負荷が軽減された状態で取り組むことができたと考えられる。

指導場面4では，指導開始直後から正反応がみられるようになり，S21以降は，S25を除き「ありがとうございます」の表出が安定して生起するようになった。S17からは，「ありがとうございます」カードではなく，A児は同じ機能をもつ身振り（おじぎ）を表出するようになり，またS20の3試行目からは，A児はスタンプを押す身振りもATに対して示すようになった。コミュニケーションカードの提示から身振りへとコミュニケーションモードが変換された理由として，コミュニケーションカードよりも身振りのほうがコミュニケーションモードとして簡便であること，A児はスタンプの絵柄をとても気に入っており，スタンプをもらうことが強化になっていたことが考えられる。

2）コミュニケーションカードの使用による影響

指導場面以外でのコミュニケーションカードの使用は，8人に対し延べ23回みられた。級友に対しての使用は，H児に対して11月11日（S16の終了後）からで，指導場面4の指導開始直後であった。H児はA児の前の席に座っており，指導場面4を目にする機会があった。また，H児はA児にとって親しい級友の1人でもあった。そのため，A児もH児に対してコミュニケーションカードを使用しやすかったと考えられる。担任に対しては，物品を返却する場面や漢字ドリルに丸をつけてもらった場面で「ありがとうございます」カードの使用がみられた。漢字ドリルの丸つけは，指導場面2の連絡帳のチェックと類似した場面であると考えられる。しかし，物品の返却場面は指導場面とは異なる場面であるため，A児のコミュニケーションカードの使用が場面般化したと考えられる。同様に，ATに対しては下校時におじぎがみられ，E教師に対しては「おはようございます」「さようなら」カードの使用ならびにおじぎがみられ，さらにF教師に対しては「さようなら」カードの使用がみられた。このように級友や教師等に対して対人般化がみられた要因として，A児ばかりでなく，A児の周囲の教師や級友の対応にも変化がみられたことが考えられる［関戸，1996］。すなわち，本研究では，うなずきや指さしでコミュニケーションを行っていたA児に対して，新たなコミュニケーションモードとしてコミュニケーションカードを使用した。A児はこのコミュニケーションカードを，学校にいる間は常時携帯していたため，随時使用が可能であった。また，周囲の教師や級友が，コミュニケーションカードを用いることによってA児とコミュニケーションが成立することを理解しており，A児もコミュニケーションカードを使用するたびに，周囲から強化を受けた。これらのことがコミュニケーションカードの般化を促したと考えられる。

また，指導中には，筆談という新たなコミュニケーションモードによる表出もみられた。筆談は，7人に対して延べ24回みられた。機能としては応答が多かったが，叙述もみられた。コミュニケーションカードは語彙が限られているため，コミュニケーションカードにない語彙を教師や級友等に使用したいときに，筆談を用いたと考えられる。また，筆談はコミュニケーションカードの使用後からみられるようになったことから，コミュニケーションカードの使用が筆談の自発的使用に影響を及ぼしたと考えられる。

一方，指導開始前に比べて，指導開始後はA児にかかわる級友の数が増えた。これは，級友がコミュニケーションカードに興味を示し，A児が自分にも使用してくれるのではないかと期待をもったからであろうと推察される。実際には親しい級友に対する使用が多くみられたものの，休み時間に級友に囲まれているA児をみかけることがたびたびあった。級友たちとかかわることが，A児にとって教室内での心理的な負荷を軽減することにつながり，その結果としてコミュニケーションモードに変換がもたらされたと考えられる。

3）A児の発話
　指導開始前は，A児の自宅でB児・C児とだけ会話が可能であった。しかし，指導開始後，耳打ちを含めて新たに15人の級友に対するA児の発話が観察された。これは，コミュニケーションカードや筆談によって周囲の教師や級友のかかわり方が変化したこと［関戸，1996］が，A児を発話へと促したと考えられる。また，15人のうち，コミュニケーションカードや筆談から発話（耳打ちを含む）へと至ったのは4人であった。この4人の後に，11人との耳打ちが観察された。

　これらのことから，緘黙児に対して，学校生活の日常場面において，非音声言語を用いてコミュニケーションの指導を行うことは，発話の前段階の指導として有効であったと考えられる。しかし，コミュニケーションカードや筆談による緘黙児とのかかわりの経験の有無が，緘黙児との発話によるコミュニケーション成立の必要条件とはならないと推察される。

〔関戸英紀〕

※本研究は，小島拓也・関戸英紀の共著論文として，『特殊教育学研究』第51巻・第4号（2013）に掲載された。

〔文　献〕
関戸英紀（1996）自閉症児における書字を用いた要求言語行動の形成とその般化促進―物品，人，および社会的機能の般化を中心に―．特殊教育学研究，**34**（2），1-10．

B. 実践研究（事例）：6

パズルゲームスクリプトを用いた情動共有の発達支援

1. はじめに

　1980年代以降，自閉症児の発達研究が進展し，共同注意の障害［Mundy et al., 1986］，「心の理論障害」［Baron-Cohen, 1995］など社会的認知障害が明らかにされてきた。社会的認知発達は他者とかかわり，理解し，共に生活し生きていくことの基礎となる。自閉症児の生涯発達を保障し，また社会・文化への参加を支えるためにも発達初期における社会的認知の発達支援は重要な課題となっている。

　トマセロら［Tomasello et al., 2005］は近年の意図研究，行為哲学などによる先行研究から，「意図（intention）」は「目標（goal）」と「プラン（plan）」によって構成されるとし「個体間による目標とプランの共有」を「意図の共有（joint intentionary）」と捉えた。そして「意図の共有の発達」について多数の実証的研究を行い，「意図の共有」を伴う活動が現れるための過程として3段階があることを指摘した。

　Ⅰ．「行動と情動の共有」（二項関係）：0〜8か月から乳幼児と大人の間で二項関係が成立し，ターンテイキングなどの社会的相互作用を行う。

　Ⅱ．「目標と知覚の共有」（三項関係）：9〜12か月くらいから物を含めた三項関係が成立し，ボールのやり取りや積み木積みができるようになる。このやりとりにおいて乳幼児は大人と目的を共有するようになる。

　Ⅲ．「意図と注意の共有」（協同的関係）：12〜15か月にかけて，それまでの三項関係が質的に変化し，三項関係への能動的参加，相互に独立した役割であることの理解，協同活動の3つを伴う関係に変化していく。そして，さらにトマセロら［2005］は，自閉症児は，Ⅱ．「目標と知覚の共有」はある程度可能であるが，3段階の中で特に，Ⅲ．「意図と注意の共有」に重篤な困難が見られることを指摘した。また，その中でも相手を見ながら一緒に物を運ぶなどの「協同活動」の困難性が指摘されている［長崎ら，2007］。そこで本事例では協同活動が困難であると言われている自閉症児を対象に，「2人でパズルを完成させる」という目標を設定したパズルゲームスクリプトを用いて指導を行った。

　今回の事例では「2人でパズルを完成させる」という目標の共有，達成することによる，他者との情動共有の発達の過程を検討した。

2. 方法

1) 対象児
医療機関において自閉症との診断を受けている男児（以下，A児）。指導開始時の生活年齢は9歳0か月であった。生活年齢8歳9か月時に行った新版K式発達検査による発達年齢は全領域5歳3か月（各領域では，姿勢・運動3歳5か月，認知・適応6歳3か月，言語・社会4歳2か月）であった。目立った逸脱行動はなく，要求も言語で伝えることができた。しかし要求を伝える時に相手の顔を見ながら伝える様子はみられなかった。筆者との自由遊びの場面では，6面それぞれに違う絵が描いてある立方体を組み合わせる立体パズルを自ら選択し，遊び出す様子がみられた。本指導を行う前にA児の情報提供についての実態把握を行った。数種類の1枚の絵を半分に分けたものをA児と他児で選択し，持ち合わせて1枚の絵を完成させるゲームを行った。その結果，他児が間違ったときは，A児自身が修正し完成させるなど，ゲームの目的は理解しているが他者への支援を行う様子は見られなかった。

2) 指導の方法
(1) 指導期間
200X年9月から12月にかけて原則として週2回1時間程度実施した。

(2) 指導方法
20ピースの組み合わせによって図柄が変わるパズルを，パートナーとしてのPeer役の大人（以下Peer）と，A児で10ピースずつに分け，見本から図柄を選択し，Peerと2人で協力してしてパズルを完成させる課題を行った。

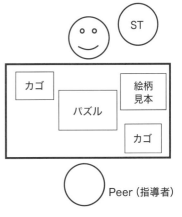

図1　パズルゲームのスクリプト配置

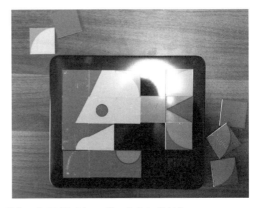

図2　指導に用いたパズル（ビギーマグネットモザイク　ボーネルンド社）

表1 パズルゲームスクリプト

役割：本児1名，パズルを一緒にする仲間（Peer）：1名，補助指導者（ST）：1名。
道具：組み合わせで絵柄の変わるパズル（20ピース），絵柄選択の写真カード9枚，ピースを分ける
　　　かご2個。

場面1：（設定）
　1）ルールの説明（確認）。2人で1つの絵柄を作る。ピースは半分ずつ分ける。相手のピースは
　　　とらない。
　2）パズルのピースを10個ずつ2つのかごに分ける。
　3）2人で作る絵柄をカードの中から選ぶ。
場面2：（実行）
　1）「よーい　スタート」のかけ声で開始。
　2）それぞれのカゴに入ったピースを見本絵柄をみながらボードにはめていく。
　3）最後のピースを置いた後，「できました」と伝える。
場面3：（確認）
　1）選択した絵カードと間違いなくできているか確認する。
　2）Peerとハイタッチをする。

3）指導目標

実行においてA児がPeerのピースを取ろうとした際にはPeerにA児が正しい位置を教える行動の獲得を目標とした。目標行動が自発で生起しない場合，STが段階的援助を用いて支援を行った。

段階的援助レベルは6段階で，以下の通りであった。

1　身体援助
2　モデル提示
3　語頭音
4　指さし＋言語指示
5　声かけ
6　自発

○パズル完成後の発話の抑揚からの情動評価

柴崎・光吉［2005］を参考に，パズル完成後の発話の抑揚から怒り，哀しみ，喜び，平常の4種を主観的に評価した。

VTR記録から段階的援助レベル，発話の抑揚について全指導場面の約30％について二者間で一致率を測定した。その結果，段階的援助レベル，発話の抑揚で83.3％の一致率が得られた。

3. 結果

　BL期では指導を行わなかったため，BL期を除いた段階的援助のレベルの変化を図3に示した。指導1，2では身体援助が必要であったが，指導5以降では自発的にPeerに正しい位置を教える行動が確認された。

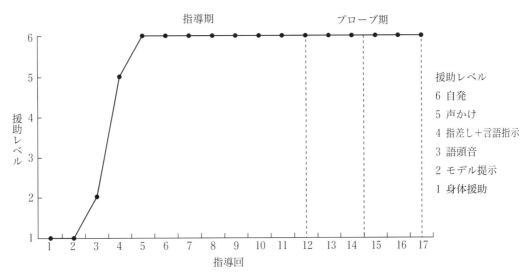

図3　段階的援助レベルの変化

○**情動共有の評価**

　情動共有を表す行動は指導2回を1ブロックとして結果を出した。ブロック10のみは指導1回で1ブロックを構成した。1ブロックは平均5.7回であった。

　パズルゲームスクリプト実行1におけるゲーム開始時の掛け声の変化を図4に示した。BLではPeerの「よーいスタート」という掛け声に対しても反応せず，パズルを開始していたが，ブロック5以降，ブロック6を除いてPeerへの顔注視を伴う掛け声の生起が67％となり，一定の生起率を維持していることが示された。

　発話の抑揚からの情動の評価を図5に示した。A児の完成後の発語は「はい」「できた」「完成」「正解」「いぇー」の5種類であった。発語内容はバリエーションが豊富であるとはいえないが，発話の抑揚を比較してみると，同じ言葉でも抑揚の違いから喜びの情動と評価できるものの生起率が増加していることが示された。プローブ期1では発話の抑揚から喜びと評価できるものが100％の生起を示していた。

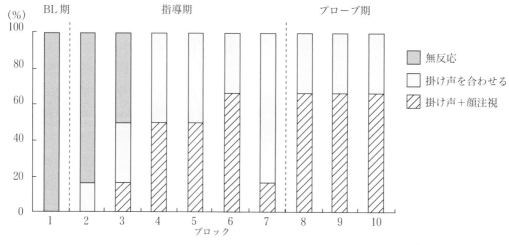

図4 ゲーム開始時の掛け声の変化

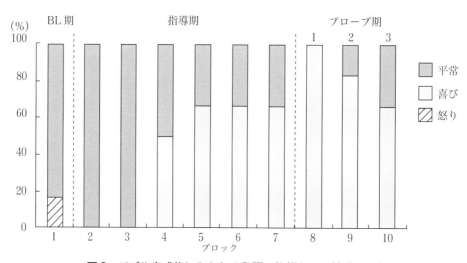

図5 パズル完成後にみられる発語の抑揚からの情動の評価

4. まとめ

2人でパズルを完成させるために「相手のピースをとらない」というルールを設定した。またパズルを2人で完成させるために「相手に教える」という行動の獲得を目標とした。

ゲーム開始時の掛け声を見てみると，BL期では無反応だった行動が，ブロック3以降Peerに対しての反応が100%生起していた。パズル完成後の発話の抑揚から喜びの情動と思われる発話の生起率が増加している。これらの様子より1人でも可能なパズルを2人で行うA児にとって困難な課題にもかかわらず，Peerと一緒に完成させるという目標を持って取り組み，

目標を達成できた時に「嬉しい」という気持ちを一緒に完成させた Peer と共有しようという意識が高まっていったことが考えられる。

　日常生活の様子より，帰りのあつまりではその日に行った授業で楽しかったことを聞かれると楽しかった授業の内容を最初から語りだす様子がみられた。これらの様子は「共有」の発達が大きく関わっているのではないかと考えられる。指導では楽しかったことについてハイタッチや笑顔など非言語的なコミュニケーションによって伝えようとしていたが，ことばという言語的なコミュニケーション方法を用いて，他者と A 児自身の気持ちを共有しようとする基盤的機能が A 児の中で生じてきたのではないかと考えられる。

　パズルゲームスクリプトでは，お互いに与えられたピースを置くという同じ役割であった。Peer も対象児と同じ役割であることは A 児にとって「Peer の役割」が理解しやすく，場面設定も分かりやすかったことが考えられる。

〔森澤亮介〕

〔文　献〕

Liebal, K., Colombi, C., Sally, J., Rogers, Warneken, F., & Tomasello, M. (2008) Helping and Cooperation in Children with Autism. *Journal of Autism and Developmetal Disorders*, **38**, 224-238.

三津本厚子・野本有紀・山西　朋・生田みこ・蔀　典子・小林麻里・長﨑　勤 (2007) 自閉症児への社会的認知発達支援プログラム (2) ―ボール運びゲームによる協同活動・情動の共有発達支援―. 特殊教育学会発表論文集, 285.

Mundy, P., Sigman, M., Ungerer, J. A., & Sherman, T. (1986) Defining the social deficits in autism: The contribution of nonverbalcommunication measures. *Journal of Child Psychology and Psychiatry and Allied Disciplines*, **27** (5), 657-669.

長﨑　勤・佐竹真次・宮﨑　眞・関戸英紀 (1998) スクリプトによるコミュニケーション指導―障害児との豊かなかかわりづくりをめざして. 川戸書店.

長﨑　勤・三津本厚子・生田みこ・野本有紀・小林麻里・吉井勘人 (2007) 自閉症への社　会的認知発達支援プログラム (1) ―SCERTSモデルと「意図共有」発達支援；その背景と理論，対象児―. 特殊教育学会発表論文集, 284.

中村　晋・吉井勘人・若井広太郎・長﨑　勤 (2007) 特別支援学校の授業における自閉症児の初期社会的認知の発達支援II―「マット運び協同活動」における「目標の理解と共有」の成立過程―. 特殊教育学会発表論文集, 502.

Tomasello, M., Carpenter, M., Call, J., Behne, T., & Moll, H. (2005) Understanding and sharing intentions: The origins of cultural cognition. *Behavioral and Brain Science*, **28**, 675-735.

Tomasello, M. (2007) *Origins of humnan communication*. MIT Press, Cambridge, pp.57-237.

B. 実践研究（事例）：7

「マイ・ノート」スクリプトを活用した教員や家族とのやりとりを通して
―― 家庭と連携した支援の実践 ――

1. はじめに：問題と目的

　近年，スクリプト・フォーマットによる発達支援は，言語コミュニケーションの領域から，社会的スキルの領域へと拡がりつつある。ラブランドら［Loveland et al., 1991］社会生活における課題解決力や関係構築の力を高めるスクリプトをソーシャルスクリプト（social script）とし，発達障害児者への支援の重要性を指摘している。また日本発達心理学会分科会「コミュニケーション発達支援とスクリプト研究会」では，「社会参加に向けてのスクリプトを用いた支援」をテーマに研究を進めてきた。その中で，学齢期から成人期に至るさまざまな社会参加の場面においても，スクリプト・フォーマットを活用した支援の可能性が示されている。またスクリプトは獲得自体が目的ではなく，社会生活での活用による生活の豊かさの広がりが目的であり，さまざまな場面に応じたスクリプトの設定や，活用実践の積み重ねの重要性が指摘されている。特に発達障害児者にとっては，家庭や地域生活での活動レパートリーが単調であったり，家族以外の人的つながりが希薄になりがちであったりする課題が指摘され，家庭・社会生活の豊かさを広げるためのスクリプト支援の実践が求められている。一方で，ソーシャルスクリプトに関する支援を行う際に，ツール（道具）が重要な役割を持っていることが実践研究から示されている［白井・長澤，2014など］。武蔵・高畑［2006］は，支援ツールを「生活をしていくための助けとなる援助手段」とし，その効果として「生活の中の出来事や情報を分かりやすく子どもに伝える」「子どもが周囲とやりとりするときに手助けとなる」「子どもが自ら行おうとする力を高める」ことを挙げている。そして子どもが前向きな生活を送るために「支援ツール」，「個別の支援者」，「支援的な社会環境」の3つの条件の組み合わせが重要であることを示している［武蔵・高畑，2006］。
　本実践では，自閉スペクトラム症の児童とその家族に対する，『マイ・ノート』スクリプトを用いたコミュニケーション支援について報告をする。支援ツールとして「マイ・ノート」を用い，児童自ら教員や家族と気持ちを共有しようとしたり，やりとりを拡げようとしたりする力を高めることを目的とする。

2. 方法

1）対象児

対象児は知的障害特別支援学校小学部に在籍するAさんであった。支援開始時の生活年齢は10歳2か月であった。支援機関は20XX年7月から翌年の3月であった。得意なことは、絵を描くこと、歌を歌う（すぐに歌詞やメロディーを覚えられる）ことであった。また活動の手順や流れを覚えることが得意で、手順や流れを理解できている学習活動に対しての参加意欲がとても高かった。一方、苦手なことは、自分が予測した行動と異なる行動を求められることや、エスカレーター等の動いているものに身体の動きを合わせることであった。

2）願い

① 本人の願い

ペアでの体操に意欲的に取り組む、日直などの役割を積極的に担おうとする、友達や教員の言動に賛同する表現をするなど、仲の良い友達や教員と、行為や言葉でかかわり、共有をしようとする姿が見られていた（図1）。一方で、自分の行動レパートリーにない（スクリプトが獲得されていない）かかわりが求められる場面では、固まって黙ってしまったり、相手からのかかわりを拒否してしまったりすることがあった。

図1　Aさんが描いた友達へのメッセージカード

② 家族の願い

アンケートを基に、保護者からAさんに対する願いを事前に調査した。その中の1つとして、言葉によるコミュニケーションについての願いが挙げられた。具体的には、「経験したことや感じたことを言葉で表現できること」「自分の意向を言語化できること」が挙げられた。

③ 教員の願い

Aさんや保護者への事前の調査をふまえて、3名の学級担任でAさんに対する教員の願いを話し合った。Aさんの「友達や教員と行為や言葉でかかわりたい」、「しっかり役割を担いたい」という気持ちと、保護者の「自分の気持ちや経験を言葉によって表現すること」にはつながりがあることを確認した。その上で、行為や言葉の表現の基盤となる力として、「さまざまなことに自信を持って自ら行う経験を重ねること」が重要であると考えた。また言葉での表現を拡げるために、絵や歌、台詞などさまざまな方法で表現をする場を設定することが重要であると考えた。

3）支援の目標

以上の実態から、「自分の気持ちや経験を言葉や行為で表現すること」「家庭や学校で気持ちや経験を共有すること」を支援の目標とした。

4）支援方法

支援目標を達成するための手だてとして、「マイ・ノート」スクリプトを設定した。Aさんは低学年の時期に「がんばりひょう」（図2）を用いて、学校でのスケジュール理解や振り返りの活動を行っていた。日々の活動の振り返りを教員と共に行い、また保護者にも家庭でコメントを書いてもらうことで、各活動にスムーズに移行したり、授業への参加がより積極的に

図2 「がんばりひょう」

図3 「Aさんメモ①」

表1 「マイノート」スクリプト

場面1：学校—（設定）
1）「Aさんメモ」の用紙をクリアファイルから出す。
2）予定表を見て、1日の学習活動を書く。
3）活動を書き終えたら教員のチェックを受けて、バインダーノートに挟む。
場面2：学校—家庭—（実行）
1）各活動が終わったら、自らチェックをする。（表情のマークを書いて振り返る）
2）自宅にバインダーノートを持ち帰り、感想を書く。
3）バインダーノートを家族にも見せ、学習活動や感想などについて家族と話す。
場面3：学校—家庭—（確認）
1）バインダーノートを学校に持ってくる。
2）感想を教員にも見せ、学習活動や感想などについて教員と話す。

なったりした。そのため，本スクリプトでも同様の支援ツールとして「Aさんメモ①」（図3）を活用することにした。この「Aさんメモ」を用いて，学習活動の中で経験したことやそこでの自分の気持ちを記述し，家庭と学校とで話題を共有する流れを「マイ・ノート」スクリプトとした。スクリプトの流れは表1の通りである。

3. 結果

1) 表情のマーク（振り返り）の変化

「Aさんメモ」の記入について，取り組みを始めた当初は，教員や保護者の言葉掛けといった援助が必要であったが，取り組みを継続して行う中で，シートの記入を自ら行うようになった。特に表情のマークを書くことによるチェック（振り返り）については，自らバリエーション（全23種類）を拡げて書くことができるようになった。23種類のマークについて，低学年の時に活用していた「がんばりひょう」の3

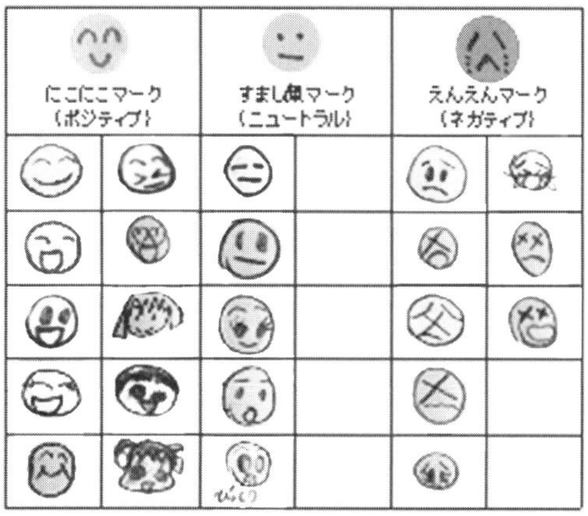

図4　Aさんが記入した表情マークの分類

つの評価に合わせて分類したものを図4に示した。また1日あたりの平均チェック数（記入したマークの数／記入した日数）を図5に示した。9月以降，ほとんどの学習活動について表情のマークを自ら記入することができていた。また図6に表情マークの内容についての内訳（割合）を示した。全体的にポジティブな感情を示すマークを記入する割合が高かったが，学習活動の自らの参加の様子や，状況に応じてニュートラルやネガティブな感情を示すマークを記入できるようになってきた。特に9月以降ではマークの記述と合わせて，学習内容（おこなった

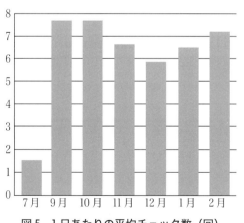

図5　1日あたりの平均チェック数（回）

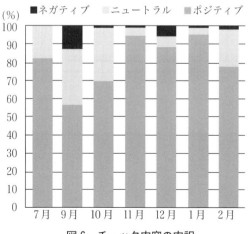

図6　チェック内容の内訳

月	マーク	学習内容（おこなったこと）や感想（1日を振り返って）
9月	（表情マーク）	「デカパンリレーをしたけどくやしかった」 「がんばったところは，本をかえしにいったことです」
9月	（表情マーク）	（あつまりの前に）「早くきがえられた」
9月	（表情マーク）	（きゅうしょくに）「ごはんがおいしかった」
9月	（表情マーク）	（あつまり）「(教育実習生の)○○先生はおしまいだった」
10月	（表情マーク）	「いちばんたのしかったところは，おさるのたいそうがたのしかった。(友達の)○○くんといっしょに走った」
11月	（表情マーク）	「いちばんたのしかったところは，くりあがりのないたしざんでした！」
11月	（表情マーク）	（あつまり）「やらなかった」
1月	（表情マーク）	（うんどう）「見学をした」
2月	（表情マーク）	（うんどう）「○○(仲の良い友達)くんが，グランドでころんだ」

図7　メモに記した表情マークと記述（内容・感想）の例

こと）や1日を振り返っての感想に，状況や気持ちを示す表現が多く見られるようになった。また，2月以降では自己の振り返りだけでなく，友達の様子を見ての感想なども記述できるようになってきた。(図7)

2）家庭でのやりとりの変化

連絡帳や面談を通して，家庭でのやりとりについて，保護者と情報交換を行った。家族から「やりとりの頻度が増え，分かりやすくなった」「質問や，一緒に学校の様子を話しあうことができやすくなった」などの記述があり，やりとりの質的量的変化が示された。また「生活の時間で困ったのは，草がなかなかぬきにくかったのかな？　と思っていたら，雑草が沢山で困ったのだそうです」など，記述内容を基に，ポジティブな気持ちだけでなく，ネガティブな気持ちを伝えられる様子が見られるようになってきた。また家庭でのエピソードとして，メモを使いながらジェスチャー付きで学習活動を説明し

図8　読み聞かせの様子

3) 学校でのやりとりの変化

学校では，絵本や紙芝居の読み聞かせへの興味関心が高まり，友達や教員と一緒に，友達が好きな「ねずみくんのチョッキ」を読んであげたり，「3枚のおふだ」を演じたりする様子が見られるようになった。友達に聞こえやすい音量で，また感情を込めて，小僧が山姥に追いかけられる場面の文章を読んだり，演じたりすることができた（図8）。

4. 考察

1)「がんばりひょう」から「Aさんメモ」への発展について

低学年時に活用していた「がんばりひょう」は，1日の学校生活における各学習活動により意欲的に取り組めることを主な目的としていた。「がんばりひょう」での振り返りは，その時間の児童の活動参加の様子を教員が評価し，3種類の表情マーク（「にこにこマーク：よくがんばった」「すまし顔マーク：あともう少し」「えんえんマーク：次はがんばろう」）を児童と一緒に貼ることで行っていた。マークをもらうと同時に，「頑張って学習に参加したこと」を教員や家族と共有する経験を重ねることで，学習活動に積極的に参加をしようとする意欲が高まった。今回の「Aさんメモ」は，この「がんばりひょう」の活用経験が基礎となっている。そのため，形式も「がんばりひょう」に近いレイアウトで設定し，Aさんが記入しやすいようにした。そして学校における1日の日課の記述と合わせて，1つひとつの学習活動について，「なに」をして「どのように」参加したかを自ら振り返り，言葉やマークで示すことに取り組んだ。取り組みを継続して行う中で，振り返りを示す表情マークのバリエーションが広がり，またマークに示す表情に沿った気持ちの記述が言葉で表現できるようになってきた。武蔵ら [2006] は子どもに合わせた自助具を工夫する時のポイントの1つとして，「一番よく分かり，一番慣れているやり方で」という点を挙げている。子どもが使える一番高度な技術を用いるのではなく，今できていること，またはこれまで経験してきたことを活かしながら取り組めたことが，「Aさんメモ」の発展につながったと推察する。また，個別課題学習の時間に学習した漢字を自ら用いて感想を書く様子も見られた。Aさんにとってメモを書くことが，本来の支援目標である「気持ちや経験の表現・共有」につながることと合わせて，他の授業での学習を自ら活かせる活動であったと考えられる。

2)「Aさんメモ」を活用することによる，生活の変化について

メモは主に学校で学習活動を記入し，家庭に持ち帰って自ら内容等の振り返りをするようにした。また保護者には，家庭で学校の話題をするときの手がかりの1つとして，できる範囲で活用をしてもらえるように依頼した。一方，学校でも，家庭での振り返りの記述や家族とのや

りとりの報告を受け,「例えば,生活の時間のどんなところが楽しかった？」「このマークはどんな気持ち？」などの簡単な質問をして,Aさんと話題を膨らませる時間を設けるようにした。メモを手がかりに,学校と家庭との両方でやりとりの機会を設けることで,家庭ではやりとりの機会が増え,やりとりの内容や方法も広がってきた。特にやりとりの内容や方法の広がりについては,記述した事柄に加えて,気持ちや理由を言葉で説明しようとしたり,ジェスチャーを用いて活動を表現しようとしたりする様子が報告され,コミュニケーションを拡げるきっかけや手がかりとして,メモが機能していたことが推察された。また学校でも,メモの話題について簡単な質問をすることで,「(生活の授業では)○○が楽しかったの」「ちょっとざんねんだった」などの応答が広がった。また表情マークについて,教員からも「とっても嬉しそうな顔だね」,「泣いちゃっている顔だね。悲しかったんだね」などの言葉掛けができるようになり,マークを通してAさんの気持ちを推察し,共感ができるようになった。また新しいマーク(気持ち)がメモに出てくると,3名の担任教員の間で話題に挙がるようになるなど,教員のメモに対する関心が高まった。こうしたやりとりを通して,Aさん自身も表情マークへの関心がより高まり,バリエーションが増えていったのではないかと考える。またAさんの授業に対する参加意欲がさらに高まり,特に紙芝居や絵本の読み手といった,言葉で表現し周りの人に伝える活動について,積極的に参加できるようになった。「Aさんメモ」が,学校においては「がんばりひょう」と同様に,授業により意欲的に参加するための手がかりの1つになっていたと考える。

3)「マイ・ノート」の今後の可能性——家庭・地域生活への移行

「マイ・ノート」スクリプトによる支援を行うことにより,自らシートに記入することや,記入したことを基に保護者や教員とやりとりをすることができるようになってきた。今後はAさん自身にとって家庭生活の中で活用しやすい「マイ・ノート」のあり方が重要であると考えている。そこで3月からは家庭生活も含めたより長いスパンでのスケジュールの理解と振り返りに目標を置き,Aさんメモ②,③(図9,図10)を作成して家庭や地域生活を中心に取り

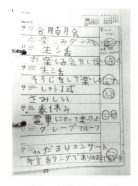

図9 Aさんメモ②

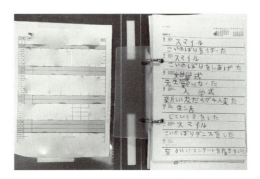

図10 Aさんメモ③

組んでいる。このツールは市販のシステム手帳の形式を使用していることが特長である。よりAさん自身にとって使い勝手のよいメモになること，また将来的に「生活の場」「働く場」「余暇の場」といった幅広い社会生活の場でスケジュールの管理や振り返りができるようになることが期待される。また「願い（ニーズ）」について，堀口 [2006] は，ニーズについて，「感覚的ニーズ（充足の必要性は感じられるが明言されていない）」，「明示的ニーズ（必要性が明言されている）」，「規範的ニーズ（専門家が見て判断する）」，「比較的ニーズ（他者のサービスと比較して必要と判断する）」の4つの分類を示し，ニーズを組み合わせて評価，支援することが必要であると述べている。本支援事例では，Aさん，家族，教員のそれぞれの「願い」を総合的にとらえ，そのつながりから目標を導いて支援を行った。Aさんにとっての豊かな家庭・地域生活を考えて支援を行う際に，こうした「願い」のとらえ方は重要であると考える。

〔若井広太郎〕

〔文 献〕

堀口寿広（2006）保護者から寄せられた発達障害児（者）の地域生活支援のニーズ．脳と発達，**38**，271-276.
武藏博文・高畑庄蔵（2006）発達障害のある子とお母さん・先生のための思いっきり支援ツール―ポジティブにいこう―．エンパワメント研究所，pp.18-19.

B. 実践研究 (事例) : 8

ゲームスクリプトを用いた仲間関係を育む支援
── 多様な評価機会の設定による目標への支援 ──

1. はじめに

特別支援学校学習指導要領に示される自立活動領域の「人間関係の形成」項目には，他者の意図や気持ちの理解を深めことや，自他の理解を通して円滑な人関係を維持しながら集団参加を目指す内容が明記されている。将来の自立や社会・文化的活動に参加することを目指す特別支援学校では，他者との有意味な関係を築き，その中で互いの欲求や意思などを円滑にまた深く効率的に交わし，伝え合うための性質や能力を育む社会性の学習が重要であり，中でも「感情（情動）に対する知」によって他者の心的状態を読み取り応答するための知の重要性を遠藤 [2004] は指摘している。

知的障害を有する児童生徒の教育では，仲間関係を深めながら，自己を肯定的に捉え，自信をもって目標に向かう姿勢を育むことや，他者と認め合いながら活動参加する姿勢を育むことが根幹にある。人間関係を育む基礎的なかかわる力を支援することにはじまり，相手の気持ちや感情の理解を促しながら自らの行動を調整する力の育ちを支える実践は自立活動領域を中心にさまざまな学習機会が展開されている [筑波大学附属大塚特別支援学校，2015]。

本事例では，参加者全員の「役割」と「振り返り」の学習機会が設定された協同的なゲーム活動を通して，知的障害児および自閉スペクトラム症児（以下 ASD）の生徒による他者への応援や賞賛，励まし等のあたたかいかかわりと言葉かけの遂行を目的とした指導を行った。

2. 対象児

特別支援学校中学部 3 年に在籍する ASD 男児（以下 A 児とする）。指導開始時の生活年齢は 15 歳 X 月，軽度の知的障害を有していた。卒業後に就職して給料を貯め，旅行したいといった夢を語ることができ，自己概念の発達段階 [小島，2007] による評価では，「自分の好きなこと，など限定された内面についての理解ができる」や「過去や今の自分を見つめ，理想の自己像などを説明することができる」などの項目について理解していた（表1参照）。トピックを共有した会話が可能であるが，パターンで受け答えをするため，会話の維持が難しかった。家庭での様子や楽しかった経験を自分から話すことができ身近な大人に積極的に話しかけることができた。学級編成は，障害の程度や状態が異なり，多様な教育的ニーズのある生徒で構成

表1 自己概念の発達段階の評価

自己概念の発達段階	評価
・自分の名前について認識している。	◎
・自分の身近な持ち物と他人の持ち物の区別ができる。	◎
・自分の性別，年齢についての理解がある。	◎
・自分の好きなこと，など限られた内面についての理解がある。	◎
・自分のいいところ，悪いところといった多様な内面についての理解がある。	△
・自分のことを過去の自分，いまの自分，未来の自分といった時間軸で捉えることができる。	△
・過去や今の自分を見つめ，理想の自己像などを説明することができる。	△

◎理解している　○概ね理解している　△ある程度理解している　＊難しい
※4段階の評価は執筆者独自による。小島［2007］を参考に4段階評価を加えた。

されていた。

3. 指導の方法

1) 支援期間および学習形態

知的障害特別支援学校中学部の縦割りグループ学習（自立活動）の授業場面において5か月間，計10回の指導を実施した。ここでのグループ学習は，自立活動領域における人間関係の形成の項目を主とした個別の指導計画の目標に基づいて構成された「他者とのかかわりの基礎」「他者の意図や気持ちの理解」「自己の理解と行動の調整」「集団への参加の基礎」の内容に関する授業である。グループは対象児を含む1年生から3年生の男女計7人で編成されていた。

2) 場面設定

1回40分の授業に，「導入」-「展開」-「振り返り」を含む協同的なゲーム活動スクリプトを設定し，繰り返しの指導計画を立案した。ゲームは，2チーム対抗で行い，紐で吊ったボード（教材1）および2人で運べるように工夫したボード（教材2）にペットボトルを載せて運びながら得点を競うという単純なルールを設定した。空のペットボトルを原則使用したが，生徒の実態に応じて水を入れ安定させるように配慮した。各チームが個人戦4回，ペア戦4回行い，その合計点で勝敗を決めた。

○協同的な活動の設定

「ペットボトル運び」ゲームスクリプト（表2）は，参加者7名全員に役割が設定され，協同・協力しながらゲーム進行するよう設定した。役割は全体の流れを見て進行する「ゲーム進行係」と振り返りの進行を行う「振り返り進行係」，対戦表をめくったり，VOCAを使ってスタート

図1 教材1：1人用

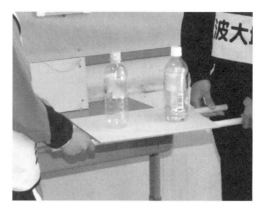
図2 教材2：ペア用

表2 「ペットボトル運び」ゲームスクリプト

役割：対象 A児（ゲーム進行係・チームリーダー係），B児（スタートスイッチ係），C児（スタート補助係・得点カード係），D児・E児（得点表示係），F児（チームリーダー係），G児（得点カード係・振り返り進行係）。
道具：ゼッケン，ペットボトル運びボード（1人用・2人用），得点板，得点表示カード，グッドポイント（マグネット・シール），グリーンポイント（マグネット・シール），メダル，タブレット型多機能端末，ペットボトル，「あたたかいかかわりカード」。

場面1：ゲームの準備
  1) ゲームの準備をする。
  2) 着席する。
  3) 号令をかける。
  4) ゲームの目標を確認する（「あたたかいかかわりカード」の確認）。
  5) 役割の確認。

場面2：「ペットボトル運び」ゲーム
  1) 個人戦（4回戦）   あたたかい言葉
  2) ペア戦（4回戦） 「頑張れ！」「やった！」「ドンマイ！」「次頑張ろう！」

〈ゲーム進係行〉
  ①対戦者呼び出し
  ②スタート声かけ「Bさんお願いします」
  ③得点係の役割を見届けて①へ戻る
〈スタートスイッチ係〉
  ①対戦者カードをめくる
  ②スタートスイッチ（VOCA）を押す
〈得点カード係〉
  ・得点カードを競技者に配る
〈得点表示係〉
  ①得点シールをもらいに行く
  ②得点シールを得点シートに貼る

〈チームリーダー係〉
  ①スタート位置の補助をする
  ②ペットボトル等の道具を戻す
〈スタート補助係（B児の援助）〉
  ①対戦カードめくりの促し（声かけ）
  ②スイッチ操作の促し（声かけ）
  （場面3）
〈振り返り進行係〉
  ①得点発表 をする（D児・E児への促し）
  ②グリーンポイント賞の発表（教師へ依頼）
  ③グッドポイント賞の発表（教師へ依頼）
  ④各自の振り返り（生徒を指名）

>　　　　　③得点シートをボードに貼る ＊1　　　　⑤次の目標の確認（教師へ依頼）
>　　　　　④得点シールを数えて数字を記入する ＊2
>　場面３：活動の振り返り①
>　　1) 得点発表をする。（＊1, ＊2の得点表を使って）
>　　2) グリーンポイント賞の発表。
>　　3) グッドポイント賞の発表。
>　　4) 自分が頑張ったこと（ゲームと役割）と友達が頑張ったことを発表する。
>　　5) 次の目標を確認する。
>　場面４：活動の振り返り②「振り返りシート」の記入
>　　1) 振り返りシートを記入する。
>　　2) 振り返りシートを教師へ提出し評価を受ける。
>　　3) ゲームの片づけをする。

合図をしたりする「スタート係」，スタート係の補助を行う「スタート補助係」，ペットボトルが落ちた位置を確認し得点カードを競技者に手渡す「得点カード係」，各チームの得点シートに得点数のシールを貼る「得点表示係」，チームリーダーとしてゲームの進行をリードする「チームリーダー係」の７つの係である（生徒によっては複数の役割を担っている）。

○「振り返り」の設定

　生徒はゲームの結果とゲーム進行のための役割の２つの活動についての振り返りが可能となり「自己評価」と「相互評価（友達同士）」の機会が同時に設定されている点がこのスクリプトの特長である。

　振り返りの場面設定では，自分が頑張ったことを発表する「自己評価」場面と友達の頑張った場面を発表する「相互評価」場面の設定および「振り返りシート」への記入を設定した。

3) 指導目標

　「ペットボトル運び」ゲームスクリプトにおいて，対象児Ａには，①自他の役割を知り，適切なタイミングで友達とかかわること，②自分と友達が上手くできたこと，難しかったことを振り返り，発表することを目標とした。

①友達への「あたたかい言葉かけ」

　Ａ児の個別の指導計画では，集団活動の流れや状況に応じて主体的に活動参加することや友達を意識して授業のリーダー的役割を担うことが目標となっていた。そこで，本授業の事前学習では，ゲーム活動中，友達へどのような言葉かけをすると相手がうれしい気持ちになったり，次頑張ろうという気持ちになったりするかを考えた。その中で，ゲームを頑張っている時には「頑張って！」という応援，目標の最高点（５点）をとった時には「やったね！」という言葉かけやハイタッチ，ペットボトルを落としてしまい得点が低かった時には「ドンマイ！」「次，頑張ろう！」という励ましができることは素敵な中学生であることを学習してから授業に取り組んだ。

②友達同士でよいところをみつける「相互評価」

「振り返り」では自分だけが頑張ったことを発表するのではなく，自分のチームの友達やペアでペットボトルを運んだ友達について，頑張った「役割」や「活動」について発表する機会を全員に設定した。これによって，ゲーム中に友達の活動への意識が高まることに期待した。

4）援助手続き

目標①：自他の役割を知り，適切なタイミングで友達とかかわる

(1) 場面1の準備の中で，「あたたかいかかわりカード」を提示し，友達へのあたたかいかかわりや言葉かけを確認する。

(2) 場面2のゲーム活動の中で，個々の積極的な役割の遂行およびゲーム活動への参加を評価する「グッドポイント」，友達へのあたたかいかかわりを評価する「グリーンポイント」を即時的に与え，ポイントを表示板に掲示する。この手続きでは，生徒の行為を即時的に「他者評価」することで望ましい行為のモデルとしてA児（他の生徒含む）に示すことをねらう。

(3) 場面3の振り返り①（表2）の中で，グッドポイントを獲得した生徒の中から，一番ポイントの多かった生徒に「グッドポイント賞」を与え，肩にグッドポイントシールを貼る。また，グリーンポイントを獲得した生徒には全員に「グリーンポイント賞」を与え，肩にグリーンポイントシールを貼る。グッドポイントシールは，各自が持つ専用のポイントシートに貼り，グリーンポイントシールも，同様に各自のポイントカードに貯めた。

　　グッドポイントは，1シート20ポイント貯まったらグッドポイント賞として担任が賞状を与えた。グリーンポイントは，1シート10ポイント，5シート分のポイントが貯まったらグリーンマスターとして，教師と同じように友達を評価することができるシステムを学部全員で取り組んだ。

目標②：自分と友達が上手くできたこと，難しかったことを振り返り，発表する

(1) 自発的に発表することが困難な場合は，具体的な活動を想起させるなどして促す。

(2) 自分と友達の「役割」と「活動」について発表し，言葉での発表が難しい生徒へは，タブレット型多機能端末に「役割」と「活動」の写真と音声を録音し，タッチパネルのシンボルを選択して発表する。

(3) 「振り返り」シートへの記述は，個々に応じて文章モデルを提示したり，文字や絵カードを用いて貼付したりする方法で完成させた。

※（2）（3）はA児以外の生徒への支援。

3．指導の結果

本指導では，10回の指導を動画に記録し，以下の分析を行った。A児が担う「進行係」の

全32の行為要素における自発的遂行の変化。10回の指導におけるあたたかい言葉かけの回数。これらの変化に応じたエピソード記録。

1) A児の進行係における自発的遂行について

(1) 自分の役割の遂行

A児は，進行役としての役割意識が高いが，はじめのうちは少しイライラしながら進行する様子が見られた。5回目には32の行為要素を50％の割合で自発的に遂行した。しばしば相手チームの役割を遂行する生徒の活動が滞っている際に進行を急いだり，得点シールを貼る両チームの係が終了するのを待たずに進めたりすることがあったが，9回目以降は80％の自発的遂行が維持され，「Dさんシール貼り頑張って」「Eさんシール張りだよ」と友達の役割を促す様子が見られるようになった。

(2) 他の生徒の役割を促す声かけ

9回目は余裕もって両チームの様子を見られるようになり，落ち着いた状態でゲームを進行することができるようになった。得点シールを貼っているD児とE児の様子を交互に確認し，「Dさんできたね」「Eさん終わりましたね」と声をかける姿が見られた。

2) あたたかいかかわりの変化について

(1) C児へのあたたかいかかわり

A児は，1回目のあたたか言葉かけの回数が10回であったが，5〜7回目には20回を維持し，8回目以降は30回を超え，回数が増えるたびにあたたかい言葉かけが増加した。

C児は，思うように得点が取れない場合，拗ねてしまいしばしばゲームが滞ってしまうことがある生徒であった。4回目は，C児がミスをした時，A児が「ドンマイCくん」と伝えるが相手への気持ちがこもっておらず，C児の横を素通りした。5回目は，うなだれたC児の顔をのぞき込むように「CさんドンマイだよC」「Cさん次頑張るよ。大丈夫？」と伝えることができた。

(2) 友達の応答があるまで伝える賞賛

D児は言葉の表出が難しい自閉症である。10回目には，D児が高得点を取り，離れたところから「Dさんやったね」と言いながらグッドジョブサインを伝えたA児は，D児が振り向いて応えるまで続けていた。

B児は自分から友達にあたたかいかかわりをしたり，ハイタッチに応じたりすることが難しい生徒である。7回目には，A児とB児がペアでペットボトルを運び，高等点を取った際，「Bさんやったね」と言いながらB児がハイタッチに応じるまで両手を差し出して待ち，B児のタッチを促すことができた。

(3) 相手チームへの応援

自分のチームの結果にこだわっていたA児は，7回目の振り返りの際，相手チームで頑張っていたF児について「Fさんは，ペットボトルを頑張って運んでいました」と発表した。また，

10回目では，同じくF児がペットボトルを落としてしまった時に「Fさん残念，次頑張ろう」というあたたかい言葉かけをすることができた。A児は，相手チームの生徒がゲームに参加する様子を見ながら進行をする様子が見られるようになり，応援や賞賛，励ましも自発的に声かけすることができるようになった。

(4) 全ての役割（係）の状況に応じた進行

9回目以降，得点シール係のD児とE児がシールを貼る様子を最後まで見届けるようになり，「Dさんシール頑張って」といった応援が自発的に表出することができた。またシールを貼る2人の生徒のペースに応じて自然に言葉かけする様子が見られるようになった。

3) 振り返りの発言の変化

(1) 自分の発表の変化「感情がこもった言葉かけ」

ゲームスクリプトでは，自分の活動を振り返って発表する「自己評価」の機会を毎時間設定した。A児は，4回目に「ボーイズチーム（チーム名）が3点で悔しかったです」と悔しいという感情を初めて言葉で表現した。それ以降「○○点とれてうれしかったです」「自分が頑張ったことは，5点のところまで運んだことです」といった表現の変化が見られた。

(2) 友達の発表の変化「他者の気持ちに寄り添う内容」

「自己評価」同様に友達への評価として全員に設定した「相互評価」では，頑張った友達が誰であるか名前だけを発表していたA児は，9回目に「Bさんが最後の5点のところまで運んだけど，Dさんが2点で落としてしまって，負けて悔しい気持ちだったけど頑張った」という他者への励ましの言葉かけをすることができた。

4. まとめ

1) ゲームスクリプトによる成果

本事例では，特別支援学校に在籍する中学部生徒が単純でわかりやすいゲーム活動をスクリプトとして設定したことによって他者への応援，賞賛，励ましといったあたたかいかかわりや言葉かけを促進することが可能となり，役割分担による協同的な活動をスクリプトとして設定することの有効性が示された。

また，そのための手続きとして，目標に向けた望ましいかかわり方に対して「グッドポイント」や「グリーンポイント」といった即時的な教師による評価を行い，その結果を視覚的に表示することで，目標となる行動への意識を促した。これにより，生徒は目標に向けて教師による直接的な援助の手続きによってではなく，友達の働きかけを手がかりに望ましいかかわり方や言葉かけを獲得したと考える。

例えば，5回目にA児はミスをしてしまいうなだれているC児の顔をのぞき込むように「Cさんドンマイ」「Cさん次頑張ろうよ，大丈夫？」とやさしく思いやりのある態度で言葉かけ

ることができた。この姿は4回目の指導の中で，同じくミスをしたC児のところへ相手チームのG児が行った働きかけがモデルとなっていることが考えられる。

2)「役割」と「振り返り」の設定の有効性

本指導のように全員の役割設定がある活動の「振り返り」では，生徒が自己と他者の「活動」と「役割」について評価することを求められる。これにより，生徒の意識は，ゲームの活動中に，より他者に意識が向かうことを可能になると考える。「振り返り」の活動で生徒が求められることは，「自分の活動」と「友達の活動」を振り返ることであり，その経験の積み重ねによって，学習活動における他者の活動への意識が育ったと考えたい。

A児は，自分がゲームをすることで精一杯であったにもかかわらず，ゲームの回数を重ねるたびに他者への意識が高まり，さまざまな文脈の中で友達を「応援すること」や「褒めること」そして，「励ますこと」を学ぶことができた。また，ゲーム活動を通して他者からもポジティブな評価を受けながら，どのようなかかわりや言葉かけが望ましいのかについて認識できるようになった。こうした経験の蓄積は，自己を肯定的に捉え，前向きに目標に向かう気持ちが育つと考えたい。この点で，本事例は，知的障害児の自己概念が認知的な要因だけではなく，生活経験や人間関係が大きな役割を担っているという大山・今野［2002］の知見を支持するものと考える。

本指導以外のゲーム競技などの学習場面においても，A児はチームのメンバーと協同でゲームの目標を目指したり，文化祭などのイベントの成功に向けた活動に取り組んだりすることができた。スクリプトのよる協同的な活動による他者とのさまざまな共有経験は，子どもたちが他者と同じ活動に参加する中で自分だけの目的のためだけではなく，他者のため，もしくは「わたしたち」の目的のためといった指向性を共有する［Tomasello, 2009］ことが可能になるのではないだろうか。子どもたちには，人と何かを共にしようする動機を高めながら家庭生活や地域生活の中で自己表現の場を広げ，共生社会の中で互いを認め合い，尊重し合う経験を積み重ねてほしいと願う。

〔中村　晋〕

〔文　献〕

遠藤利彦（2004）子どもに育てたい社会性とは何か. 児童心理, **58**(2), 145-153.
大山美香・今野和夫（2002）知的障害児者の自己概念に関する研究知見と実践的課題～文献的考察を中心に～. 秋田大学教育文化学部教育実践研究紀要, . 第24号, 53-65.
筑波大学附属大塚特別支援学校編（2015）特別支援学校におけるとっておき授業レシピ. 学研.
小島道生（2007）知的障害児の自己の発達と教育・支援. 田中道治・筑紫　学・別府　哲・小島道生（編）発達障害のある子どもの自己を育てる―内面世界の成長を支える教育・支援. ナカニシヤ出版, pp.12-27.
Tomasello, M. (2009) *Why we cooperate*. Boston Review Books.〔橋彌和秀（訳）（2013）ヒトはなぜ協力するのか. 勁草書房.〕

IV

支援の展開と深化に向けて

1. スクリプトはなぜ根付くのか
―― 習慣形成の脳回路の仕組みから ――

1. スクリプトと習慣

　スクリプトは日常生活における共同行為ルーティンに関してわれわれが内的に保持している知識構造であると考えられている［中村, 2006］。それは共同行為ルーティンが安定した習慣となって, 毎日の生活の中で維持されているということであり, 当面の場面や文脈にきっかけが見つかりしだい起動する相互作用的行動プログラムのようなものであると考えられる。

　ところで, グレイビエルら［Graybiel & Smith, 2015］は, ラットでの実験結果をもとに, 習慣が形成される脳回路の仕組みの一端を明らかにしている。彼らは, T字型迷路の分岐直前に, ラットに2種類の指示音のどちらかを聞かせて, 突き当たりで左右どちらかに曲がり, 指示音に対応する報酬（チョコミルクか砂糖水）を目指して端まで走る行動を繰り返し学習させ, 習慣化させた。習慣となった証拠は, どちらかの報酬を飽きるまで飲ませた後でも, ラットは指示音が鳴るとそれに対応した報酬（もはや不快なものとなっても）に向かって走って行くようになったことであった。

2. 習慣回路は監視されている

　ラットが最初に迷路を学習しているとき, 線条体の運動制御領域のニューロンは走行中ずっと活動していた。行動が習慣化するにつれ, ニューロンは走行の始まりと終わりに集中的に活動し, その間の時間は活動しなくなった（行動全体がパッケージ化され, 始まりと終わり以外は自動化されたかのように）（図1）。

　線条体の背後には下辺縁皮質という上位部門が控えている。線条体が行動の始まりと終わりに集中的に活動して習慣を形成しても, 下辺縁皮質はまだ活動しない。ラットがさらに長期間訓練されて習慣が定着した後に, 下辺縁皮質がやっと活動する（その習慣を監視して認証するかのように）（図2）。

　光感受性分子をラットの脳の小さな領域に導入して光を当てることによって, その領域のニューロンのスイッチをオン・オフできる技術（オプトジェネティクス）がある。この技術を用いて, ラットが迷路を走っている間に数秒間だけ, 下辺縁皮質のニューロンをオフにすると, 習慣行動は即座に完全に阻止された（つまり, ラットは迷路の他端にある新鮮な報酬にたどりついた）。上位部門の監視と認証を無効にできたことになる。

まもなく，ラットは指示音に関係なく，新鮮で好ましい報酬に向かって走るという，新たな習慣を身に付けた。しかし，再度下辺縁皮質の同じ小領域をオフにすると，この新習慣が阻止されて即座に古い習慣が現れた。古い習慣の復活はあっという間に起こり，その後も古い習慣が持続した。苦労して断った習慣も，ストレスを受けたり，一度でも再び行ったりすると，そ

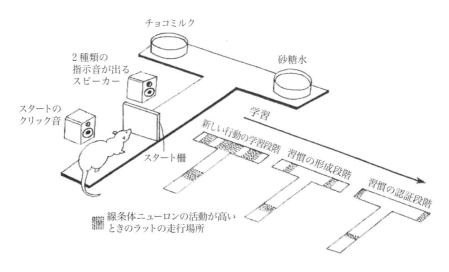

図1　T字型迷路と線条体ニューロンの活動
(AXS Biomedical Animation を改変)

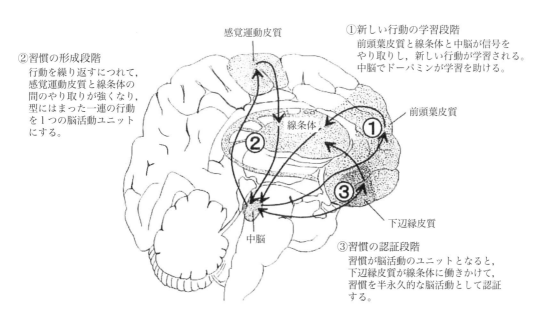

図2　習慣が半永久的になるしくみ
(AXS Biomedical Animation を改変)

の習慣が完全にリバウンドしてしまうことに相当する。

3. スクリプトが根付くわけ

　安定した共同行為ルーティンが内的なスクリプトとして確立しているということは，一連の共同行為が習慣となっていることに相当すると考えられる。ある行為の習慣が形成されるには，監視者である下辺縁皮質に認証してもらえるまで多くの練習が必要である。その知見は，共同行為ルーティンを繰り返し練習するうちにそれが習慣として（おそらく下辺縁皮質のようなニューロンに）認証され，心理学的にはスクリプトが確立される形となるという仕組みをイメージさせる。

　下辺縁皮質の認証は，ストレスや生活の乱れの影響を受けたりするとオフになってしまい，オフになると隠れていた古い習慣が再び現れる。これをスクリプトに置き換えて考えると，しばらく続いていたスクリプトの安定的な認証は，大きな環境の変化や生活の乱れの影響を受けるとオフになってしまい，オフになると隠れていた古い未熟なスクリプトが再び現れる，ということができそうである。このことから，今後も継続させたい適切なスクリプトを根付かせる方法として，①認証がオフになっても困らないように，幼少のときから適切なスクリプトを選んで習得すること，②認証がオフにならないように，適切なスクリプトを適宜繰り返し実施し，かつそれと拮抗するような新しい悪習慣を持ち込まないこと，が考えられる。

　グレイビエルらは，自らの知見が，人々が不健康な習慣から抜け出し，健康的な習慣を身に付けるのを手助けする方法である行動療法の正当性を裏付けている，と言っている。例えとして，朝ジョギングをしたいなら，前の晩のうちに，翌朝必ず目に入る場所にランニングシューズを置いておくこと（ジョギング後に報酬を与えればさらに効果的だろうという），菓子を摘む習慣をやめたいなら，それを居間やオフィスに置かないこと，などをあげている。

　スクリプトは行動療法とは一定の距離を置いてはいるものの，環境をアレンジすることや段階的支援の実施や報酬となる事態の設定など，行動療法と共通している要素を多々含んでいる。適切なスクリプトがまだ習得途上で十分に根付いていない場合には，それが崩れずに維持されるよう，行動療法と同様に環境要因を効果的に整えることが重要であると考えられる。

〔佐竹真次〕

〔文　献〕

Graybiel, A. M. & Smith, K. S. (2014) Good habits, bad habits. *Scientific American*, 310, 38-43.〔日本語訳　習慣を作る脳回路．日経サイエンス，5, 2015〕

中村　晋 (2006) スクリプトによる指導の流れ．長崎　勤・宮﨑　眞・佐竹真次・関戸英紀・中村　晋（編著）スクリプトによる社会的スキル発達支援．川島書店，pp.53-59.

2. 自閉症児に対するスクリプトを用いた支援とその般化

　共同行為ルーティンを用いた指導法によって，指導目標とされた語彙・文法および伝達機能等の習得や情動・心の理解に成功したという多くの研究が蓄積されてきている。しかし，共同行為ルーティンを用いた指導法には，次の2点の課題が残されていると考えられる。まず，1点めとして，スクリプトの要素の獲得が言語の意味・伝達意図の理解と表出につながるという仮説については，まだ十分に明らかにされていない。2点めとして，ベン＝アリー［Ben-Arieh, 2007］は，ルーティンの中に計画的にバリエーションを組み入れることによって，維持と同様に般化も促進される，と述べている。宮崎ら［1996］も，重度の知的障害児に「ごっこ遊び」ルーティンを用いて形成した発話行動が，他の同じテーマの遊びのルーティンに般化したことを報告している。しかし，この指導法を用いて習得された言語行動の般化や維持については，これまでのところエピソード的な報告がなされているにすぎないため［松田・植田，1999；松田・伊藤，2001；長崎ら，1991，1993，2000；西原ら，2006；小野里ら，2000；関戸，1994，1996；吉村，1995］，十分な検討が行われる必要がある。さらに，もし般化がみられなければ，どのような技法をこの指導法に組み込んでいけばよいのかについても明らかにしていく必要がある。

　そこで，上述した2点の課題に対して，関戸は自閉症児を対象に以下の4件の研究を実施し，検討を行った。

研究1：
　質問に対してエコラリア（誤答）で応じる12歳の自閉症男児に対して，「買い物・トーストづくり」ルーティンを用いて，5つの型（Who型・Yes-No型・A or B型・Whose型・How型）の質問に対する適切な応答的発話の習得を目指した指導を行った。その際に，スクリプトの要素に対応した言語の意味・伝達意図の理解と表出を評価するために，適切な応答的発話のバリエーションと習得した応答行動の日常場面での般化を指標として設定した。その結果，Who型・Yes-No型・Whose型の質問に対して適切な応答的発話が習得された。また，A or B型・Which型・What型においてバリエーションが，Yes-No型において般化がみられた。以上のことから，ルーティンを繰り返すことにより，それに含まれる言語・非言語を問わず行為の系列を再現できるようになったが，その意味や伝達意図の理解が可能になったといえるまでには至らなかった。［関戸，1998］

研究2：

「いってきます」「ただいま」「ありがとう」（以下，「あいさつ語」とする）の自発的表出に困難を示す，13歳の自閉症男児に対して，「買い物」ルーティンを用いて，あいさつ語の自発的表出を目的とした指導を行った。その結果，あいさつ語の自発的表出が可能となり，またある程度の日常場面での般化および指導終了5か月後の維持が確認された。以上のことから，対象児にとって，"出かける""帰宅する""物をもらう"という3つの場面の文脈の理解が可能になったこと，文脈の理解と言語の表出との間に相互に関連する傾向がみられたことなどが検討された。[関戸，2001]

研究3：

「ありがとう」の自発的表出がみられない，9歳の自閉症女児に対して，「学習・おやつ」ルーティンを用いて，「ありがとう」の表出の般化を目指した指導を，場面ごとに指導を行う「系列指導法」を用いて行った。その結果，ルーティン内の4つの場面に設定された「ありがとう」の表出が習得された。また，プローブ，「自由遊び」場面，日常場面においても，般化が確認された。以上のことから，次のことが検討された。①対象児は，文脈を構成する個々の要素（例えば，要求物品を受け取る）と言語（「ありがとう」）との対応関係の習得が可能になった。②「ありがとう」が自発的に表出されるようになるためには，「ありがとう」の表出が求められる異なる場面を複数設定したルーティンを用いる方法が有効である。③「ありがとう」の表出の般化は，物品の受け渡しを伴う場面においてみられやすいことが示唆された。[関戸・川上，2006]

研究4：

2名の自閉症児に対して，物品要求・貸与要求・教示要求（援助要求）等の5つの場面からなるルーティンを設定し，「ありがとう」の始発を目指した指導を，場面間で同時に指導を行う「並行指導法」を用いて行った。併せて，家庭や学校等の日常場面における般化を測定した。そして，並行指導法を用いることによって，日常場面での般化が促進されるか否かについて検討した。その結果，1名は5つの場面で，もう1名も4つの場面で標的行動が習得された。また，両児に日常場面において「ありがとう」の始発の般化が観察され，物品要求等の指導した場面ばかりでなく，被供与等の未指導の場面においても般化がみられた。さらに，被援助等の物品の受け渡しを伴わない場面においても般化が観察された。これらの結果から，複数の場面からなるルーティンを設定し，並行指導法を用いて指導を行うことによって，標的行動の日常場面での般化が促進される可能性が示唆された。[関戸・永野，2014]

これらの研究1～3の結果から，子どもの言語習得の背景として，①ルーティンを繰り返すことによる文脈の要素の獲得過程，②文脈の要素に対応した言語の意味・伝達意図の理解と表

出の過程という2つの過程が存在しており，しかも両者の間に関連性があると考えられる。

また，研究1～4の結果から，自閉症児を対象とした共同行為ルーティンを用いた言語指導において，習得された言語行動の日常場面での一定の般化がみられたといえる。また，標的行動の始発を目指した指導を行う際には，複数の場面からなるルーティンを設定し，並行指導法を用いて指導を行うことによって，標的行動の日常場面での般化が促進される可能性が示唆された。

〔関戸英紀〕

〔文　献〕

Ben-Arieh, J. (2007) *How to use joint action routines*. PRO-ED, Inc, Austin.
松田信夫・伊藤圭子（2001）観察場面を導入した共同行為ルーティンに基づく自閉症児へのコミュニケーション指導―実態把握と指導方針との連携を基盤に―．特殊教育学研究, **38** (5), 15-23.
松田信夫・植田恵子（1999）自閉症児に対する要求構文等の対人的使用に向けた指導―共同行為ルーティン「ホットケーキ作り」を通して―．特殊教育学研究, **36** (5), 1-8.
宮﨑　眞・岡田佳世美・水村和子（1996）ごっこ遊び場面における重度精神遅滞児のコミュニケーション行動の指導．特殊教育学研究, **33** (5), 79-85.
長崎　勤・片山ひろ子・森本俊子（1993）共同行為ルーティンによる前言語コミュニケーションの指導―「サーキット・おやつ」スクリプトを用いたダウン症幼児への指導―．特殊教育学研究, **31** (2), 23-34.
長崎　勤・山田明子・亀山千春（2000）ダウン症児における「心の理解」の学習可能性の検討―「他者の欲求意図を尋ねる」ことの指導をとおして―．特殊教育学研究, **38** (3), 11-20.
長崎　勤・吉村由紀子・土屋恵美（1991）ダウン症幼児に対する共同行為ルーティンによる言語指導―「トースト作り」ルーティンでの語彙・構文，コミュニケーション指導―．特殊教育学研究, **28** (4), 15-24.
西原数馬・吉井勘人・長崎　勤（2006）広汎性発達障害児に対する「心の理解」の発達支援：「宝さがしゲーム」による「見ることは知ることを導く」という原理の理解への事例的検討．発達心理学研究, **17** (1), 28-38
小野里美帆・長崎　勤・奥　玲子（2000）おやつ共同行為ルーティンによる4，5歳ダウン症児への言語・コミュニケーション指導―おやつスクリプトと言語の獲得過程―．心身障害学研究, **24**, 75-86.
関戸英紀（1994）エコラリアを示す自閉症児に対する共同行為ルーティンによる言語指導―「買い物」ルーティンでの応答的発話の習得―．特殊教育学研究, **31** (5), 95-102.
関戸英紀（1996）自閉症児に対するスクリプトを利用した電話による応答の指導．特殊教育学研究, **33** (5), 41-47.
関戸英紀（1998）自閉症児における応答的発話の習得―共同行為ルーティンによる言語指導を通して―．特殊教育学研究, **36** (1), 29-37.
関戸英紀（2001）あいさつ語の自発的表出に困難を示す自閉症児に対する共同行為ルーティンによる言語指導．特殊教育学研究, **38** (5), 7-14.
関戸英紀・川上賢祐（2006）自閉症児に対する「ありがとう」の自発的表出を促すルーティンを用いた言語指導―異なる場面での般化の検討を中心に―．特殊教育学研究, **44** (1), 15-23.
関戸英紀・永野実生（2014）自閉症児に対する平行指導法を用いた「ありがとう」の始発の形成とその般化促進―日常生活での場面の般化を中心に―．特殊教育学研究, **52** (4), 251-262.
吉村由紀子（1995）ストーリーゲーム型共同行為ルーティンを用いた言語指導の試み―ことばの教室での小集団によるコミュニケーション・構文の指導―．特殊教育学研究, **32** (5), 75-81.

3. スクリプトを用いた学習支援と学校教育

1. スクリプトを用いた学習支援の特徴

筆者は小学校知的障害特殊学級（現，特別支援学級）で9年間，学級担任として知的障害のある児童への指導にあたった。その後大学に赴任し，スクリプトを用いた学習支援と出会い，まず感じたのは，生活単元学習の指導と共通する部分が多いということであった。例えば，日常生活で馴染みのある文脈に沿った学習場面を設定し，児童生徒が意欲をもちやすい題材を準備し，対人的交渉を通しながら活動を展開していくといった共通点である。

さて生活単元学習は，各教科等を合わせた指導の代表的形態であり，障害のある児童生徒への生活力の育成に，これまで大きな貢献をしてきた歴史がある。ただ，児童生徒一人ひとりの学習のねらいや指導の手だてが不明瞭なまま学習活動に入ると，当然のことではあるが，ねらいを達成できたかどうかの判断は難しくなり，丁寧な指導の積み上げにはならない。そのため，「活動あって学びなし」という結末に至った苦い経験が筆者にある。個の課題に適切に応じるはずの特別支援教育が，筆者の力不足により，その理念通りには展開しなかったのである。

一方，スクリプトを用いた学習支援は，児童生徒にとって身近で自然な文脈の流れに沿った活動場面を設定し，個の学習目標を事前に具体的に定め，継続的指導と評価を連結させている。その意味でこの学習支援は，生活単元学習の指導に対してのみならず，われわれ特別支援教育に携わる教師の指導観や指導法の改善に向けて，重要な示唆を与えてくれるように思う。

2. 実践研究

筆者はこれまで主に調理活動を通して，スクリプトを用いた学習支援を継続してきた［松田・植田，1999；松田・伊藤，2001；小川・松田，2010］。共同研究者はいずれも小学校特別支援学級の担任教諭である。この学習支援を通す中で，児童の変容はもとより，共同研究者にも変容がみられたので紹介したい。

1) スクリプトを用いた学習支援による児童の変容

松田・植田［1999］は，6歳の自閉症児に対して，要求構文等の使用を目的とした指導を14セッション行った。要求構文・質問構文は第13～14セッションまでにほぼ習得され，構文の発話を必要とする状況を意図的に組み込んだ指導が，構文の使用を促進させたと考えた。児童間の相互交渉では，相手へのかかわり方に積極性が生まれる等の変容がみられた。また，習得

内容が家庭生活場面にも般化しつつある事実も示され，スクリプトを用いた学習支援の有効性が示唆された。また松田・伊藤［2001］は，11歳の自閉症児に対して，指導に観察場面を導入し，要求行動等に関する変容を目的とした指導を14セッション行った。要求構文は第9セッション，質問構文は第14セッションまでにほぼ習得された。また，習得内容が家庭生活場面にも般化しつつある事実も示され，スクリプトを用いた学習支援の有効性が示唆された。小川・松田［2010］は，9歳の自閉症児に対して，協同活動の遂行を目的とした指導を15セッション行った。協同活動とは，ブラットマン（Bratman, M. E.）によると，①目標の共有，②相互の役割の理解と遂行，③必要に応じた支援の遂行，以上の3つの特徴を満たす行為である。指導の結果，児童に過大な心理的負荷をかけることなく，協同活動の遂行を促すことができ，スクリプトを用いた学習支援の有効性が示唆された。以上の結果から，この学習支援は，児童のコミュニケーションの力を伸ばし，生活力の育成に寄与することが明らかとなった。

2）スクリプトを用いた学習支援を通した共同研究者（担任教諭）の変容

筆者らによるスクリプトを用いた学習支援では，プロンプトの第1段階に「数秒間，児童の自発的動きを待つ」という遅延プロンプトを導入した。学校教育場面においても，児童生徒の自発的な動きを「待つ」姿勢の必要性については，多くの教師に了解されていることと思われる。しかし，それが現実に実践されているであろうか。例えば，児童生徒集団を円滑に活動させるための手法の1つに，「活動を開始する前に，明確な指示を児童生徒にあらかじめ示しておく」という，いわゆる「指示の先まわし」がある。この手法は，活動開始時に，児童生徒に無用の混乱を起こさせなくて済む。ただ，この手法に教師が依存し過ぎるようになると，児童生徒の自発的な動きを待つ姿勢が，その教師から徐々に失われてしまうことになりかねない。共同研究者からの感想として，「指導後に収録映像を視聴した時，児童の自発的な動きを待つことなく，早めに指示や助言をし始めようとする自分の姿に衝撃を受けた」「待つ必要性を再認識した」「児童への接し方を振り返る習慣がついた」との回答があった。「待つ」というプロンプトにまつわるエピソードを紹介したが，こうした学習支援を通し，収録された自分の姿を客観的に視聴する意義は大きいと思われる。

3．スクリプトを用いた学習支援と学校教育

特別支援学校や特別支援学級にはコミュニケーション面に課題のある児童生徒が数多く在籍しており，教師はこの面への指導の必要性を認識している。しかし，どのように指導を展開すれば良いのか確信を持てぬまま，例えば机上学習を中心とした単語，文，あるいは言語パターンを指導したり，単発的な指導に終始することがないであろうか。スクリプトを用いた学習支援では，①児童生徒の現在の課題と指導の手だてを明確に定めてから指導を開始する，②児童生徒が活動に意欲を持ちやすい題材を準備する，③自然な文脈に沿った学習場面を設定するの

で日常生活とのギャップが少なく，児童生徒は場の状況に応じた言語行動を学ぶことが可能となる，④児童生徒の自発的行動を「待つ」姿勢が大切にされる，などの特質がある．そのため，児童生徒の生活力の育成，並びに，教師の指導力の向上にも寄与すると筆者は考えている．

〔松田信夫〕

〔文　献〕

Bratman, M. E. (1992) Shared cooperative activity. *Philosophical Review*, **101** (2), 327-341.

松田信夫・植田恵子（1999）自閉症児に対する要求構文等の対人的使用に向けた指導―共同行為ルーティン「ホットケーキ作り」を通して―．特殊教育学研究, **35** (5), 1-8.

松田信夫・伊藤圭子（2001）観察場面を導入した共同行為ルーティンに基づく自閉症児へのコミュニケーション指導―実態把握と指導方針との連携を基盤に―．特殊教育学研究, **38** (5), 15-23.

小川桂子・松田信夫（2010）自閉症児の協同活動の発達を促す，共同行為ルーティン「生クリームカナッペ作り」を通した段階的支援．日本特殊教育学会第48回大会発表論文集, 560.

4. ソーシャルナラティブとスクリプト

　社会性の問題への支援においては，支援を受ける人にとって社会がどのように見えているかの考慮が不可欠であろう。ASD の人たちでは，そのことはとくに重要になるのではないだろうか。たとえば，ASD 当事者のニキ［2005］に，学校という社会は次のように見えていた。

　　　小学校はふしぎなところだった。お勉強をしにいくところだと聞いていたのに，お勉強以外のことがどっさりあったから。「あさのかい」があったり「きゅうけい」があったり「きゅうしょく」があったり「はみがきしどう」があったり「かえりのかい」があったり「おとうばん」があったりする。……体じゅうが「なんなんだよー」というキモチになったが，頭は「なんなんだよー」とは考えなかった。かわりにどう考えたかというと，「あさのかい」も「きゅうけい」も「きゅうしょく」も「はみがきしどう」も「かえりのかい」も「おとうばん」もお勉強だと思っていた。「そういう科目にちがいない」と考えた。

　定型発達の子どもなら，学校とはどんなところかを教える際に，先生がいて，たくさんの友達がいて，勉強をするところ，といった3点程度のざっくりした説明で納得するかもしれない。しかし，ASD の子どもはそれでは情報不足で納得できないようだ。これは ASD の人たちの認知の特徴に関係していると考えられる。中枢性統合の弱さとよばれる問題，すなわち「木を見て森を見ない」認知の特性が，社会的場面の分節化における定型発達者との違いを生じさせるのだろう。
　ASD 者のそのような認知特性をふまえた社会生活の支援法に「ソーシャルナラティブ」がある。ソーシャルナラティブは，社会的な場面を理解するための手がかりや適切な行動のし方などを記述したストーリーを用いた支援法である［Myles et al., 2004］。ストーリーは子どものレベルに合わせて教師や親によって書かれ，内容をわかりやすくするため，絵や写真を添えたりすることもある。ASD 児の社会的な認知を助け，自己認知，感情統制，自己管理を促進すると考えられている。「ソーシャルストーリー」はソーシャルナラティブによる支援の一技法である［Myles et al., 2004］。以下，ソーシャルストーリーも含め，社会的場面の意味やふるまい方を物語風の文章で教示する支援法をソーシャルナラティブと総称する。
　ソーシャルナラティブの標的行動としては，あいさつ，他児との社会的相互作用，物の共有，会話の妨害，声の大きさ，指示に従うことなどコミュニケーション・言語領域の問題，かんしゃく，パニックなど感情統制に関する問題，手洗い，や食べこぼしなど身だしなみにかかわる

問題，課題従事，昼食を食堂で食べること，昼食後の授業へのスムースな移行など生活ルーチンの遂行にかかわる問題などが取り上げられてきた［藤野，2005］。「マイソーシャルストーリーブック」［Gray & White, 2005］には次のような例が紹介されている。先述したニキの困り感に対応するようなストーリーとなっている。

「がっこうって，どんなところ？」
　がっこうは，たくさんのおともだちといっしょにおべんきょうをするところです。
　がっこうでは，おべんきょうをしたり，みんなといっしょにあそんだり，かかりのしごとをしたりして，たくさんのあたらしいことをおぼえます。
　がっこうのせんせいは，こどもたちがいろんなことをおぼえるためのおてつだいをしてくれます。
　わたしのいくがっこうには，たくさんのきょうしつがあります。きょうしつには，つくえといすがたくさんならんでいます。マジックやがようしも，たくさんおいてあります。
　わたしのいくがっこうには，ほかにも，たくさんのものがおいてあります。おべんきょうのじかんわりひょうもあります。

このストーリーには，適切なふるまい方についての情報はなく，状況説明のみがある。それはASDの人にとって，どのように役立つのだろうか。ASD当事者である綾屋は，ソーシャルナラティブについて次のように語っている［藤野，2013］。

　行動できずに困っている状態のうち，行動の方法ではなく，その前の段階の意味づけさえ解ればいい時がある。例えば「今何が起きているのか意味がわからないだけで，どう行動するかについてはもう3つに絞られている」というような状況のときに，こちらは意味を教えて欲しいのに行動を急かされるっていうようなことがあります。それでは一歩ステップが飛びすぎてしまっているわけです。動くことのアシストでなくその前の意味を教えてくれさえすれば動けるのにというような場面で。

　行動を促すよりも意味を伝える。その時も「その意味が正しいかどうかはおいといて，あなたの身近な社会の中ではそういうルールに，これが標準的なことになっています」という客観的なアナウンスというか。「世の中，こんな理由でこんなふうになっています」と示されることで，とりあえず納得できる感じっていうのはあると思う。

その場面で何をどのような順序で行うかということよりも，定型発達社会の人たちはその場面をどのように整理していて，どのように意味づけているかについての情報を求めていることがわかる。一方，ソーシャルナラティブによる支援においては，次のような点が気になるとい

う。

> ストーリーの語り方ひとつで「それがそういうことになってます」って伝えることが逆に偏見を作ることもあるので，それは本当に怖い一面もあるなって思いますね。……入ったらガチっと入るから。こういうストーリーさえ入らなければずっとハテナ？のままで，自由度が広いままでいられたのに，ひとつ「これが正しい」って入れられることによって，今度それにしがみつくこともあるので，今度はそこからなかなか抜けられなくなるってこともありますね。私の中にも価値観をなかなか変えられない面があります。もともとのせっかくの広さというか，まとめられなさというのがダメになっちゃう可能性もあるなって思いますね。

そして，そのような意味の固定化を逃れるための方略について次のように提案している。

> 子どもからの質問を待って後手後手に準備して伝えるくらいでいいんじゃないかと。あと，後で書き換え可能にしておくというような。

認知（インプット）から行動（アウトプット）までの過程との対応を考えると，ソーシャルナラティブは認知よりの技法，スクリプトは行動よりの技法と整理できるかもしれない。社会性とコミュニケーションの包括的な支援を考えるとき，ソーシャルナラティブとスクリプトの関係や，それを組み合わせた支援法についての検討していくことには意義があるのではないだろうか。

〔藤野　博〕

〔文　献〕

藤野　博（2005）自閉症スペクトラム障害児に対するソーシャル・ストーリーの効果―事例研究の展望―．東京学芸大学紀要：第1部門（教育科学），**56**, 293-300.

藤野　博（2013）自由と規律：学校文化の中での社会性発達の課題と支援（2）―SSTによる支援．長崎　勤・森　正樹・高橋千枝（編）社会性発達支援のユニバーサルデザイン．金子書房．

キャロル・グレイ，アビー・リー・ホワイト（編著）／安達　潤（監訳）（2005）マイソーシャルストーリーブック．スペクトラム出版社．

ニキ・リンコ（2005）俺ルール！　自閉は急に止まれない．花嵐社．

Myles, B. S., Trautman, M. L., & Schelvan, R. L. (2004) *The hidden curriculum*. Autism Asperger Publishing Co.〔萩原　拓（監修）西川美樹（訳）（2010）発達障害のある子のための「暗黙のルール」．明石書店．〕

あ と が き

　2002年3月に発足した「コミュニケーション発達支援とスクリプト研究会」では，障がいのある子どもへの社会性の発達支援として，『スクリプトによる社会的スキル発達支援―LD・ADHD・高機能自閉症児の支援の実際―』(2006年)を川島書店より刊行しました。そこでは，「社会性」の概念や枠組，アセスメントとスクリプトを用いた指導方法についての詳細が示されており，主に，学齢期の特別な教育的支援を必要とする子どもへの社会的スキルの支援について，具体的な手続きを理解することができるようになっています。

　本書は，スクリプトを用いた社会性の発達支援の第二弾目になり，いわば，前書の発展バージョンです。そのため，本書は，「前書とのつながり」と「前書の発展」を意識して作成されています。

　まず，前書とのつながりとしては，本書を次のように位置づけています。本書を読むだけでも，障がいのある子どもの社会的スキルのアセスメントと支援方法について，具体的に理解できるようになっていますが，学齢期の子どもへの支援についてさらに詳しく知りたい場合には，前書に35種類のスクリプト（指導の台本）やエビデンスベースの複数の指導実践が掲載されておりますので，そちらを参照して頂くことで，さらに理解を深めることができると考えます。

　次に，前書の発展として，本書は，子どもに加えて，成人の社会性を育むことをねらいとしたスクリプトが豊富に紹介されています。例えば，知的障がいのある成人へのスマートフォンを活用した雑談スクリプトや，職場定着の難しいASDの青年への誤った認知を改善するためのスクリプトといったように，地域社会で，人とつながり，豊かに暮らしていくための具体的な支援方法が示されています。また，支援者と家庭とが連携を図るための，スクリプトを用いた具体的方法や実践例についても紹介してあります。このように本書は，「地域社会に参加する，地域社会で豊かに生きる」を基本コンセプトとして構成されている点が大きな特徴です。

　出版にあたって，川島書店の杉秀明氏には多大なるご尽力をいただきました。長時間にわたる編集委員会での議論におつきあいくださり，ご助言と励ましのことばをいただきましたことに，心より感謝申し上げます。

　最後になりますが，本書が，乳幼児期から成人期に至る，多様な人たちの豊かな社会性を育む一助になることを切に願っております。

　2015年10月

コミュニケーション発達支援とスクリプト研究会

編集委員会編集幹事　吉井　勘人

社会的ライフスキルを育む

2015年11月30日　第1刷発行

編著者
吉井　勘人
長崎　勤
佐竹　真次
宮崎　眞
関戸　英紀
中村　晋
亀田　良一
大槻　美智子
若井　広太郎
森澤　亮介

発行者　中村　裕二
発行所　(有)川島書店

〒160-0023
東京都新宿区西新宿7-15-17
　　　　電話　03-3365-0141
(営業)　電話　048-286-9001
　　　　FAX　048-287-6070

©2015
Printed in Japan　　DTP　風草工房／印刷・製本　平河工業社

落丁・乱丁本はお取替いたします　　振替　00170-5-34102

＊定価はカバーに表示してあります
ISBN978-4-7610-0906-9　C3011

こうすればできる：問題行動対応マニュアル

長澤正樹・関戸英紀・松岡勝彦 著

ADHD・LD・高機能自閉症・アスペルガー障害の理解と支援。学校を中心として教育委員会―福祉―医療―産業現場―大学等がいかに連携・協働して支援をしていくかを実践例により紹介し、応用行動分析学をバックボーンに指導技法や支援の方法を解説していく。 ★A5・224頁 本体2,200円
ISBN 978-4-7610-0822-2

LD・ADHD〈ひとりでできる力〉を育てる 改訂増補版

長澤正樹 編著

特別な教育的ニーズのある子どもが〈自分でできる〉という自己肯定感を高め、自分自身でものごとを解決する力を育てる有効な指導・支援の方法をわかりやすく解説。個別教育計画の作成方法から評価までを紹介。自己決定・自己解決を中心に改訂し新情報を増補。 ★A5・268頁 本体2,400円
ISBN 978-4-7610-0838-3

スクリプトによるコミュニケーション指導

長崎勤・佐竹真次・宮﨑眞・関戸英紀 編著

発達課題例による25のスクリプトの紹介や教育現場で行なわれた7つの実践指導例の解説により、子どもが直接かかわる家庭・学校・施設などでの生活場面・課題場面の文脈を利用しての指導の有効性を明らかにする個別教育計画のための新しい指導書。 ★A5・248頁 本体2,300円
ISBN 978-4-7610-0643-3

スクリプトによる社会的スキル発達支援

長崎勤・宮﨑眞・佐竹真次・関戸英紀・中村晋 編著

軽度発達障害児の社会性の特徴と身につけさせたい社会的スキルを整理し、アセスメントの進め方、スクリプト（生活の型・生活のスタイル）による支援の方法・技法を解説し、指導の実践研究と35例のスクリプト集によりその実際を紹介する有効な指導書。 ★A5・274頁 本体2,800円
ISBN 978-4-7610-0841-3

自閉症スペクトラムの移行アセスメントプロフィール

ゲーリー・メジボブ，他 梅永雄二 監修／今本繁・服巻智子 監訳

自閉児（クライアント）にとって特別支援学校から就労への具体的な支援方法を見出すことができ、また「施設から就労へ」向けた支援の実践的資料を提供して、多くの場面で自立を図る上での有用なアセスメントとして利用できるよう配慮したマニュアルである。 ★B5・270頁 本体7,600円
ISBN 978-4-7610-0868-0

川島書店

http://kawashima-pb.kazekusa.co.jp/ （価格は税別 2014年12月現在）